Q스마트 힐링

동요곡집

일신서적출판사

Contents

사이좋은 친구

보통 빠르게

김성균 작사·작곡

나 는 나 는 ○ ○ ○ 너 는 너 는 ○ ○ ○

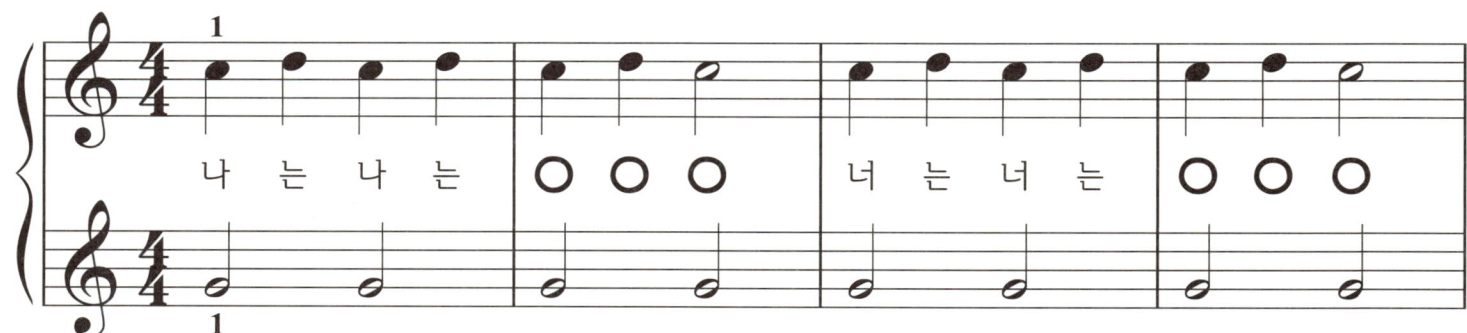

우 리 들 은 사 이 좋 은 친 구 야

4

얼굴 그리기

보통 빠르게

전래동요

| C | G | C | G |
아 침 에 도 땡   저 녁 에 도 땡

창 문 을 열 어 보 니 비 가 오 더 래 아 이 고 무 서

워 지 렁 이 두 마 리 해 골 바 가 지

거미

조금 빠르게

외국곡

거 미 가 줄 을 타 고 올 라 갑 니 다

거 미 가 줄 을 타 고 올 라 갑 니 다

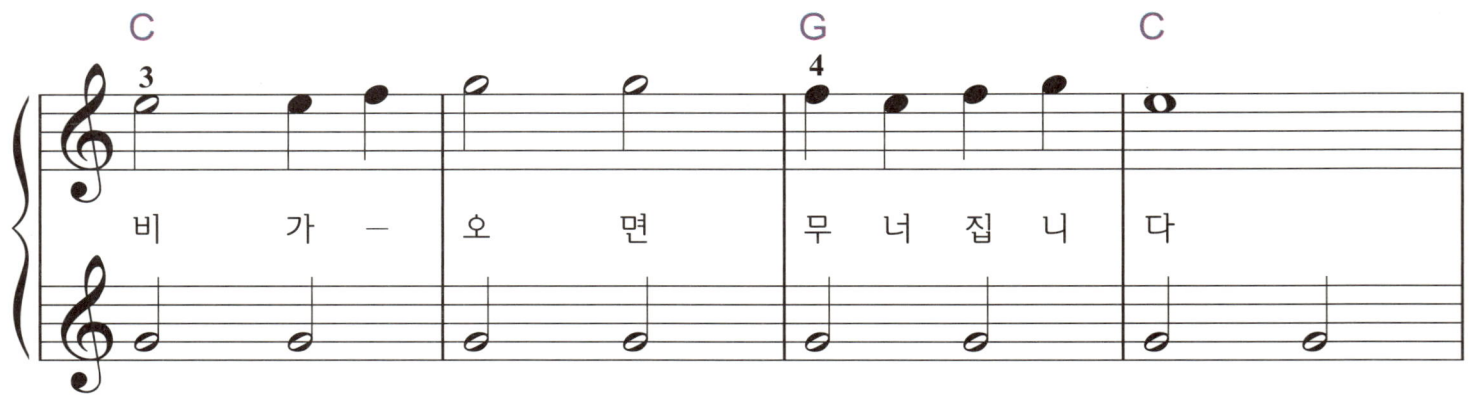

비 가 - 오 면 무 너 집 니 다

햇 님 이 다 시 솟 아 오 르 면

거 미 가 줄 을 타 고 내 려 옵 니 다

거 미 가 줄 을 타 고 내 려 옵 니 다

나

보통 빠르게

김성균 작사·작곡

나 — 는 누 구 를 닮 았 을 까

내 코 는 아 빠 를 닮 았 고 요

내 눈 은 엄 마 를 닮 았 어 요

돌아 돌아

조금 빠르게

이요섭 작사·작곡

C

손 뼉 치 고 　 손 뼉 치 고 　 짝 　 짝 　 짝

G

손 뼉 치 고 　 손 뼉 치 고 　 짝 　 짝 　 짝

C

돌 아 돌 아 　 돌 아 돌 아 　 짝 　 짝 　 짝

C

돌 아 돌 아 　 돌 아 돌 아 　 짝 　 짝 　 짝

올라가는 눈

보통 빠르게

작사 · 작곡 미상

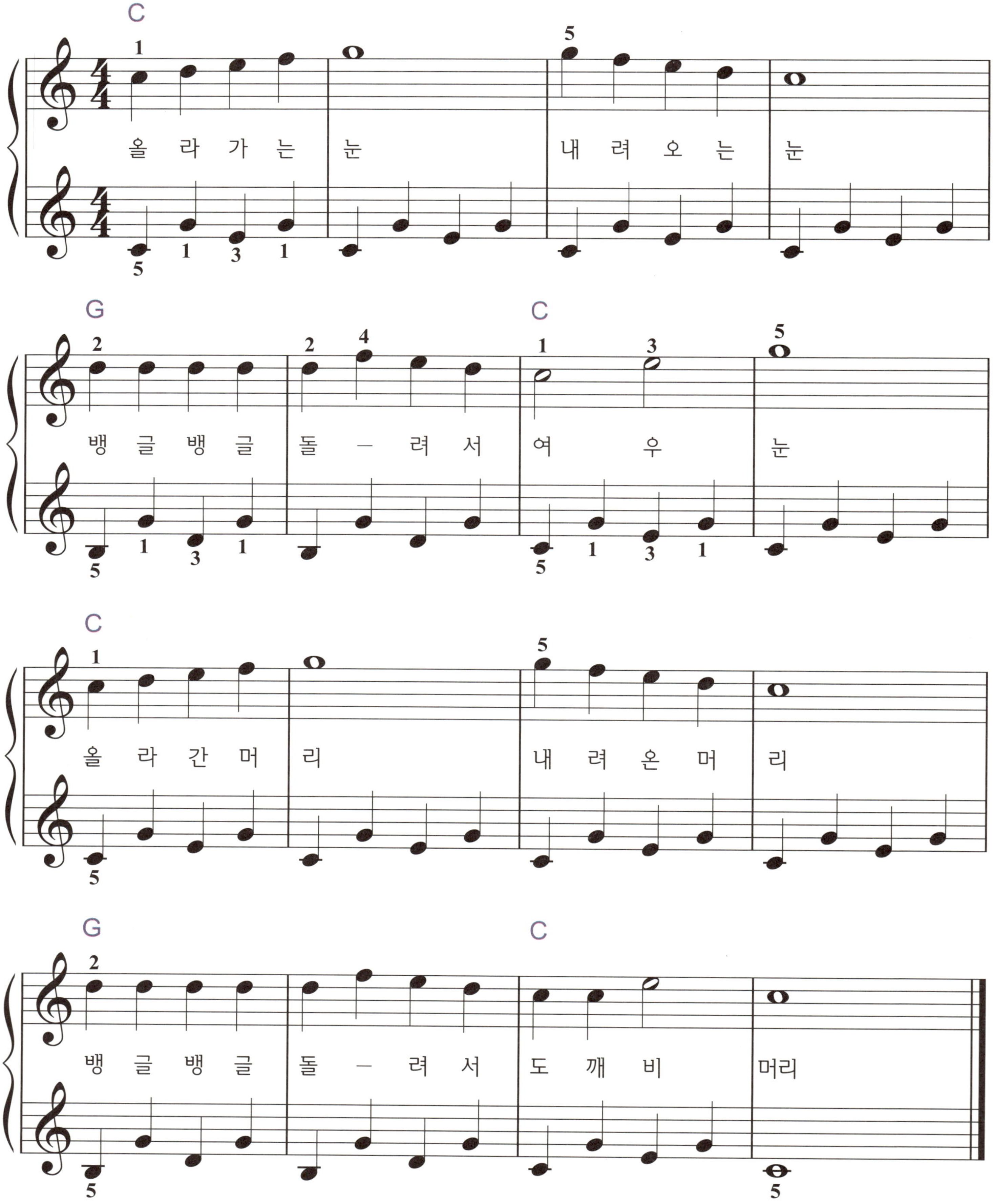

올라가는 눈 내려오는 눈

뱅글뱅글 돌—려서 여우 눈

올라간머리 내려온머리

뱅글뱅글 돌—려서 도깨비 머리

개구리

조금 빠르게

김성균 작사·작곡

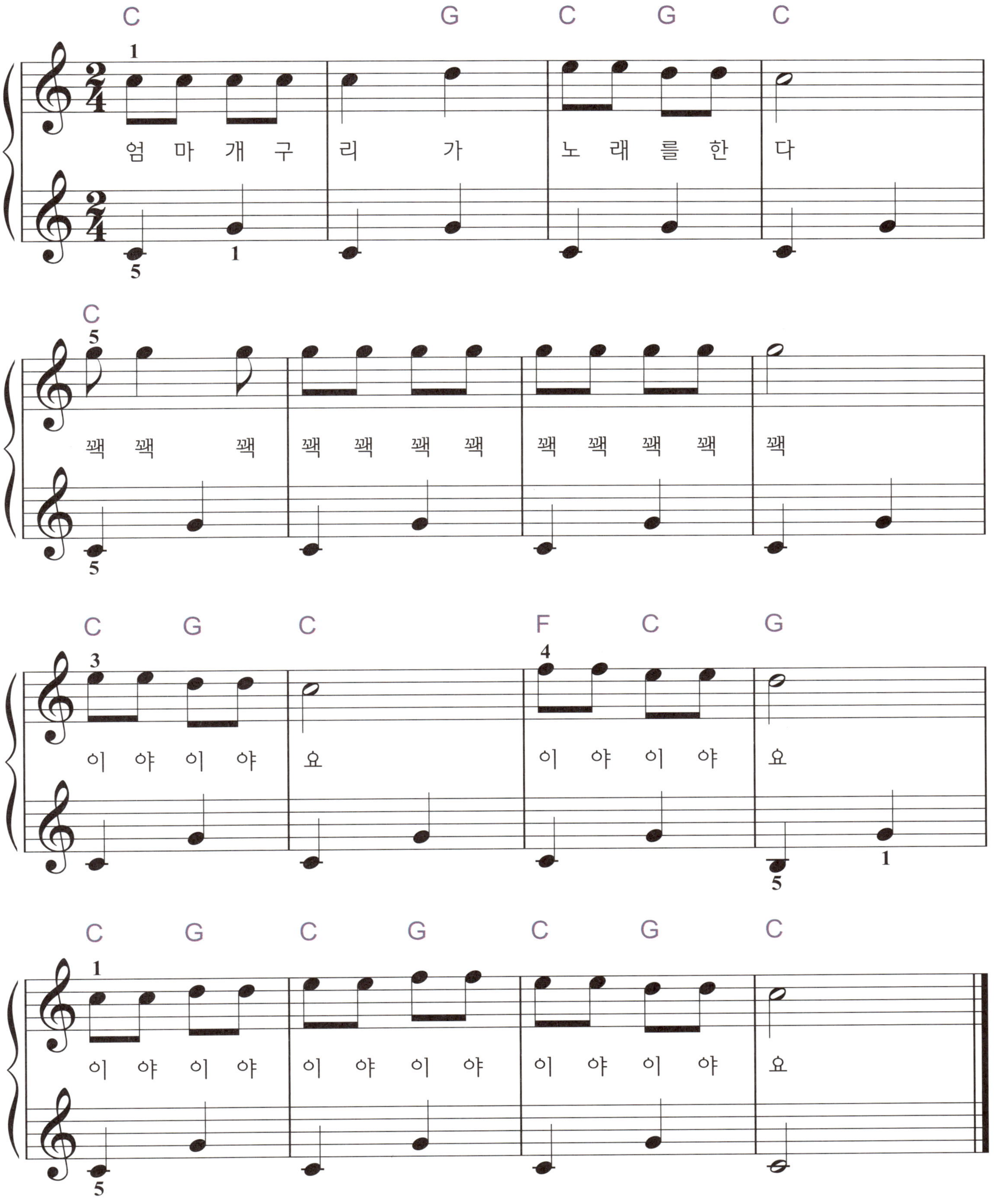

엄마 개구 리가 노래를 한 다

꽥 꽥 꽥 꽥 꽥 꽥 꽥 꽥 꽥 꽥 꽥

이야 이야 요 이야 이야 요

이야 이야 이야 이야 이야 이야 요

숲속의 음악가

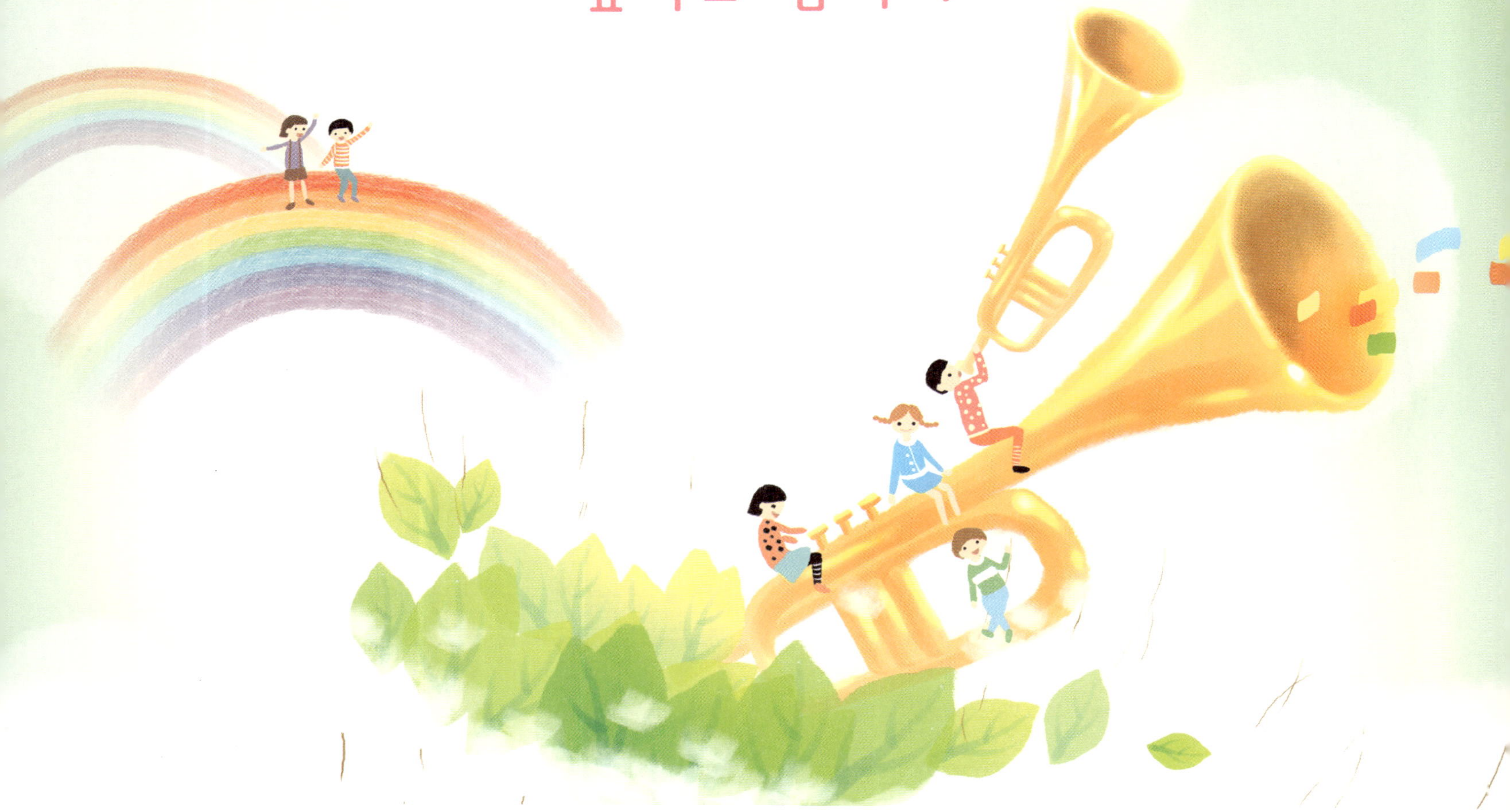

경쾌하게

이요섭 작사
독일민요

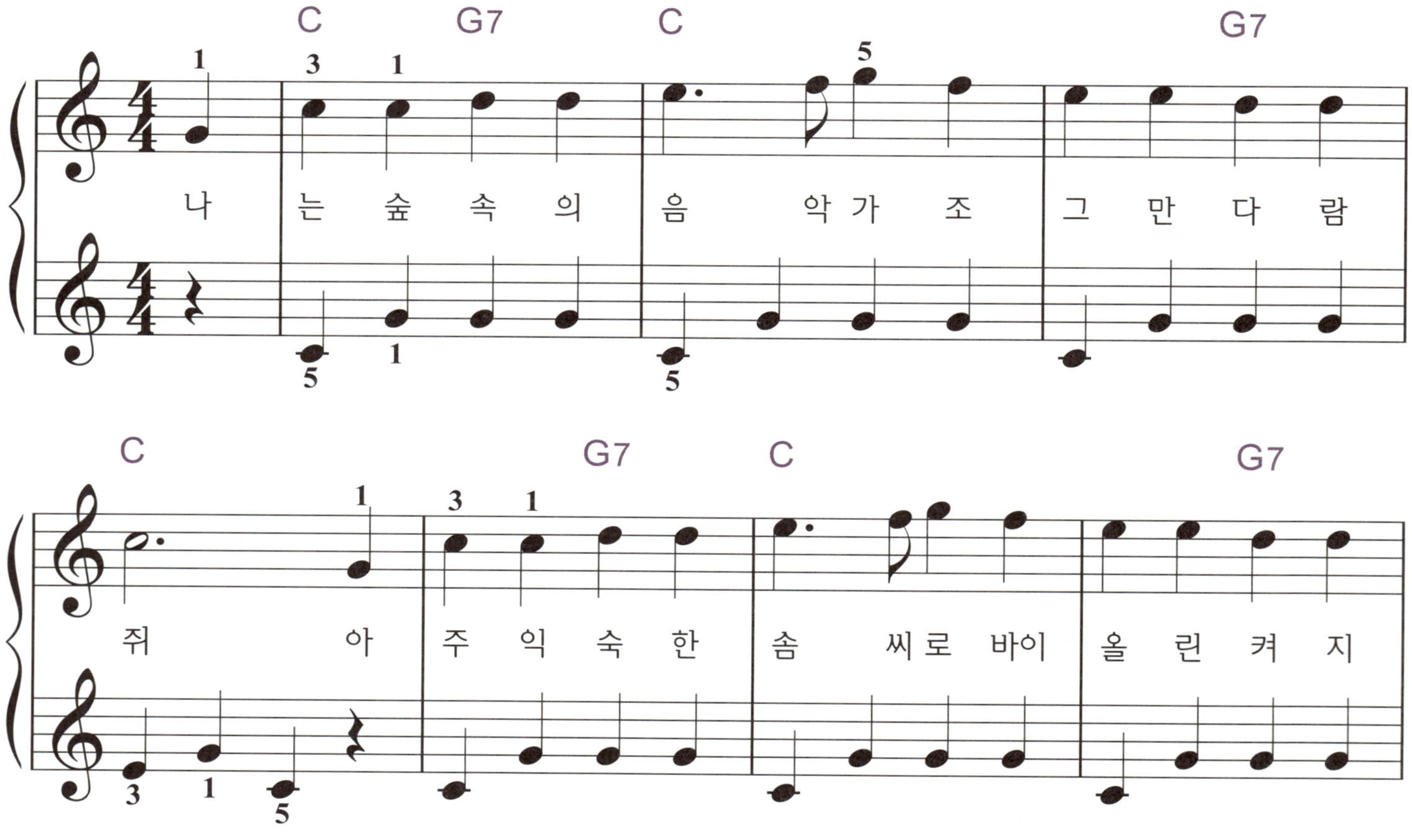
C G7 C G7
나 는 숲 속 의 음 악 가 조 그 만 다 람
C G7 C G7
쥐 아 주 익 숙 한 솜 씨 로 바 이 올 린 켜 지

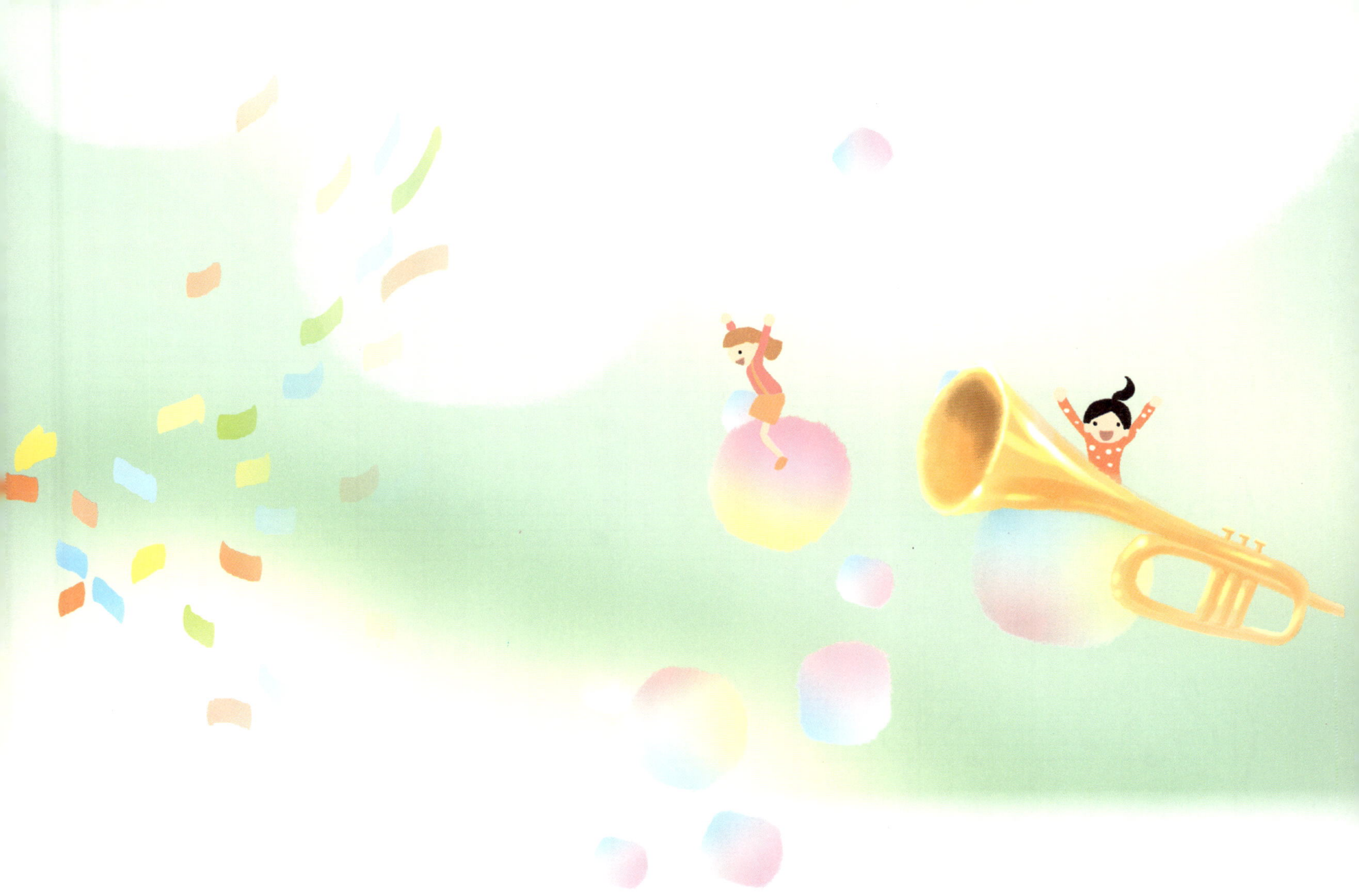

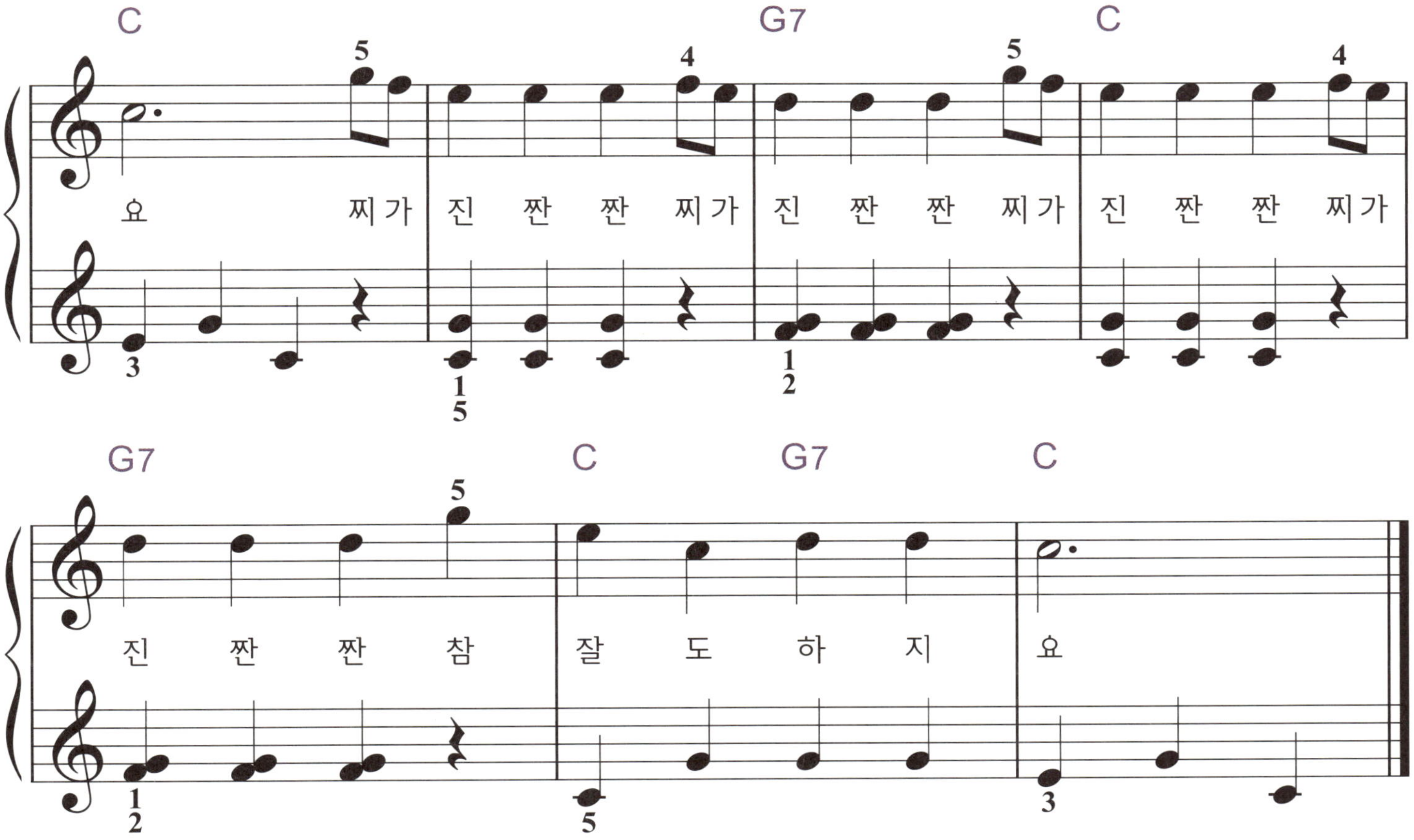
C G7 C
요 찌가 진 짠 짠 찌가 진 짠 짠 찌가 진 짠 짠 찌가
G7 C G7 C
진 짠 짠 참 잘 도 하 지 요

작은 동물원

경쾌하게

김성균 작사·작곡

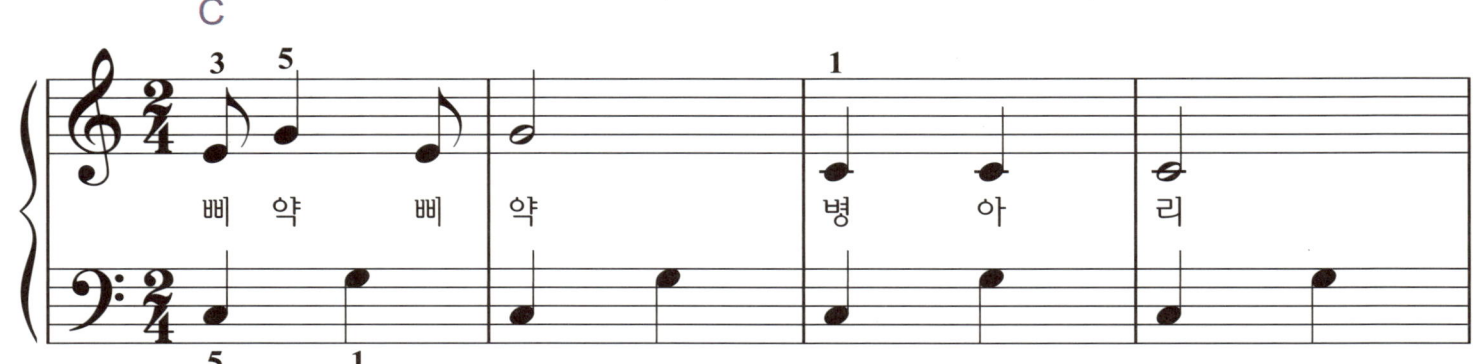

삐 약 삐 약 병 아 리

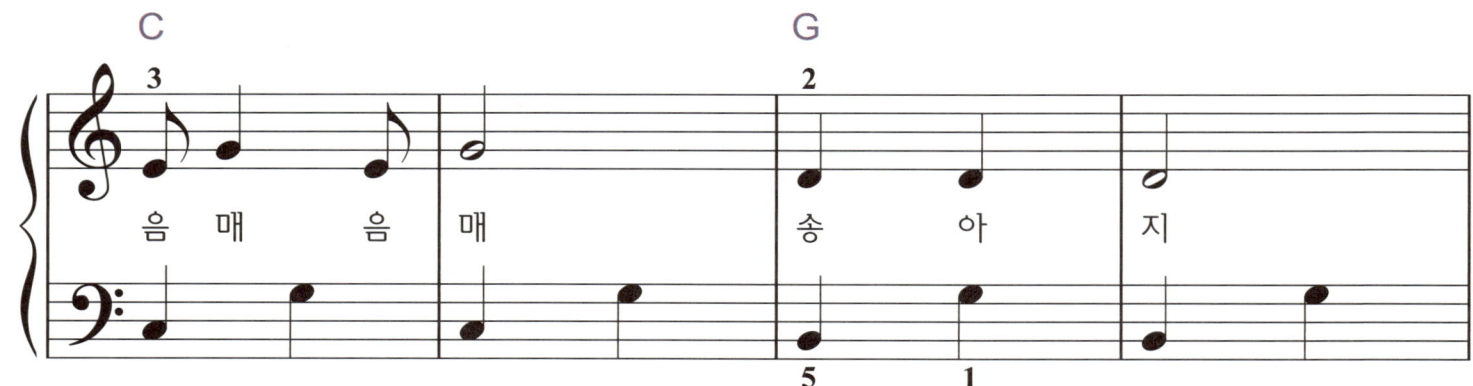

음 매 음 매 송 아 지

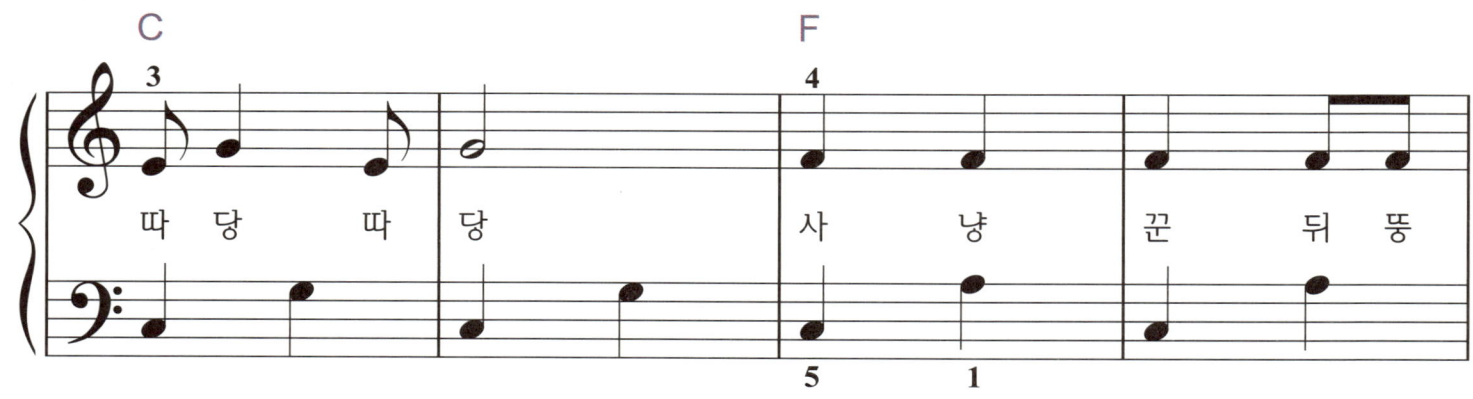

따 당 따 당 사 냥 꾼 뒤 뚱

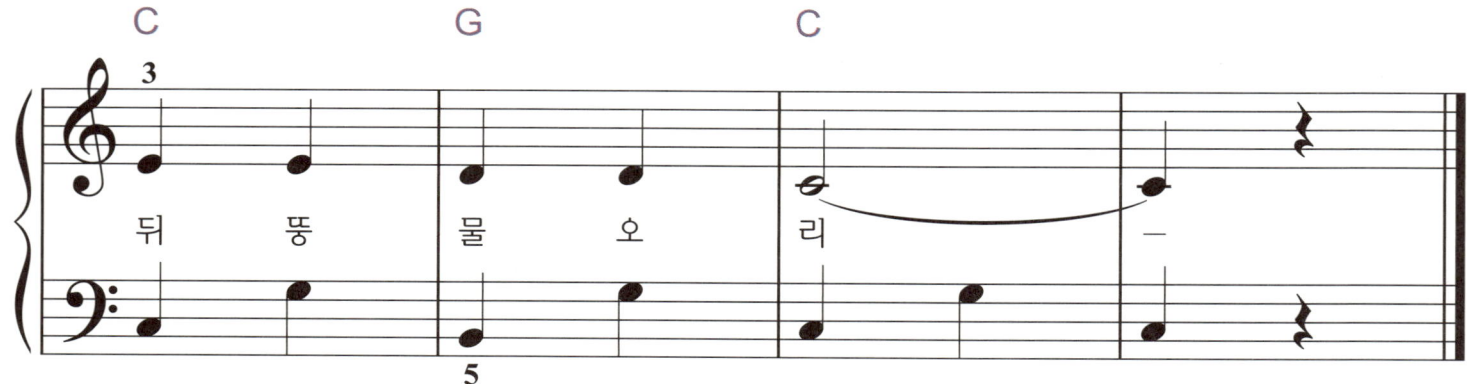

뒤 뚱 물 오 리

14

곰 세 마리

보통 빠르게

작사·작곡 미상

곰 세마리 가 한 집에있 어 아빠곰 엄마곰 애 기 곰

아 빠 곰 은 뚱 뚱 해 엄 마 곰 은 날 씬 해

애 기 곰 은 너무귀여워 으 쓱 으 쓱 잘 한 다

15

산중호걸

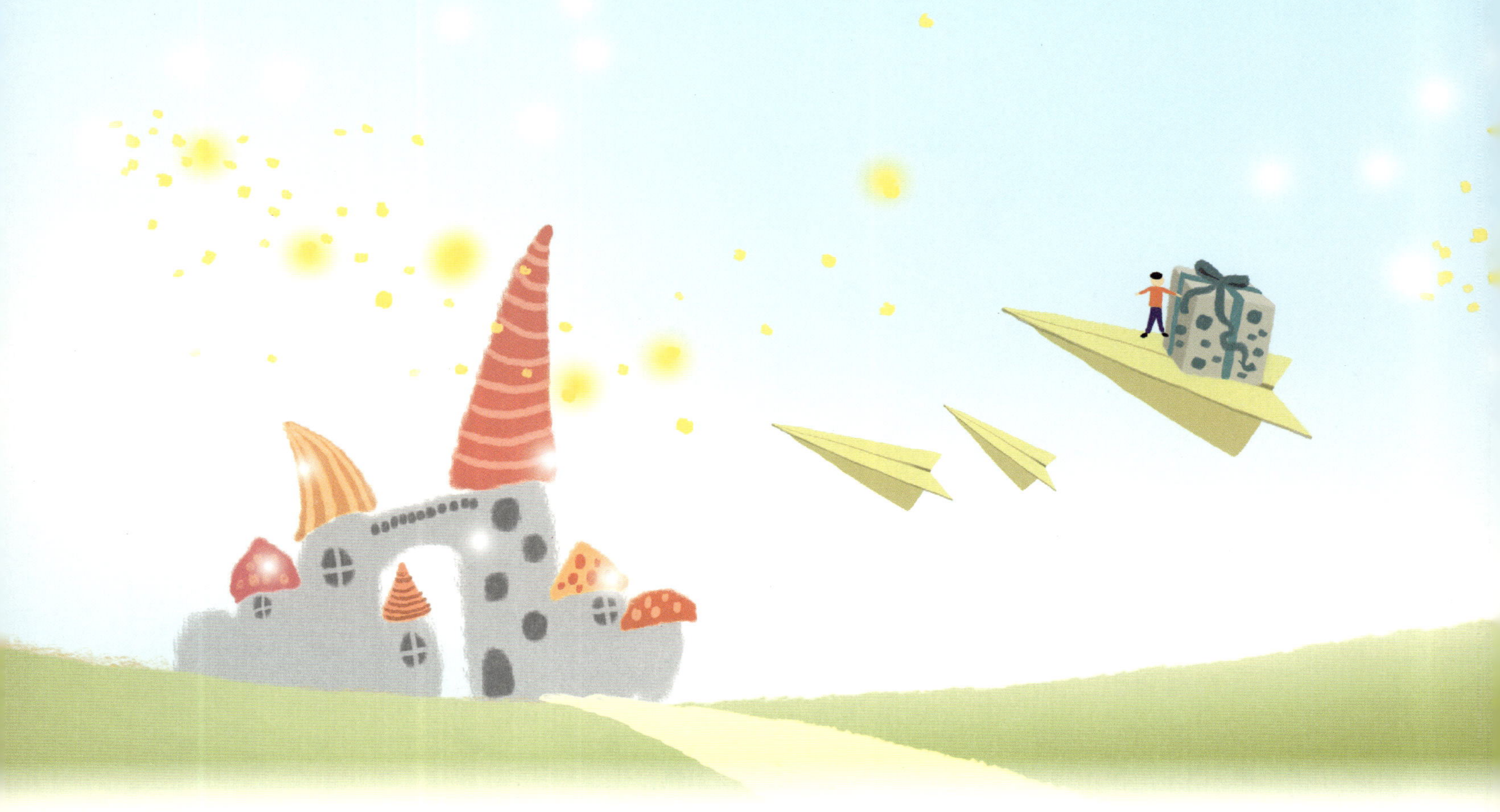

이요섭 작사·작곡

보통 빠르게

산 중 호걸이라하는 호 랑 님 의 생일날이되 어

각 색 짐 승 공 원에모 여 무 도 회 가 열 렸 네

16

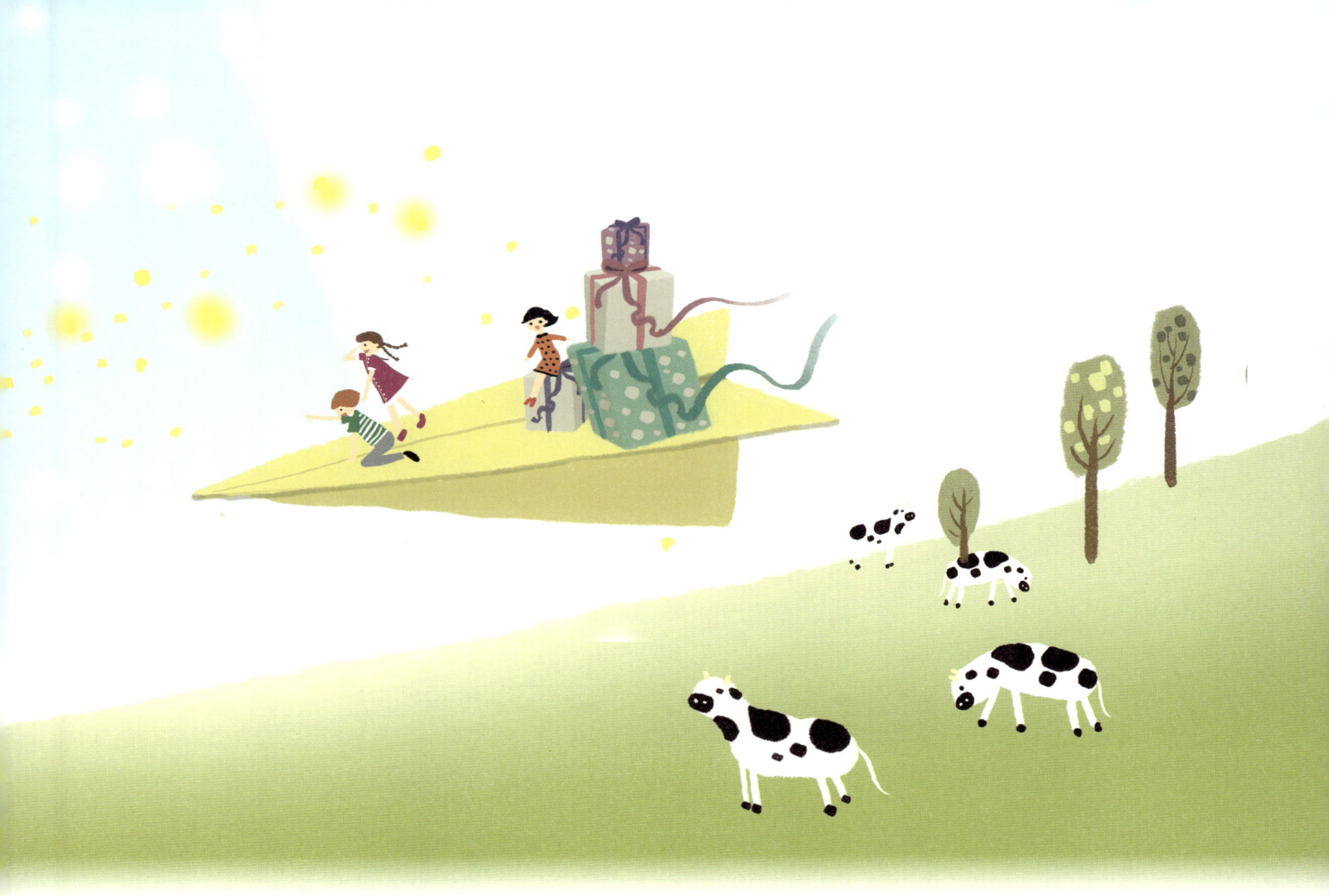

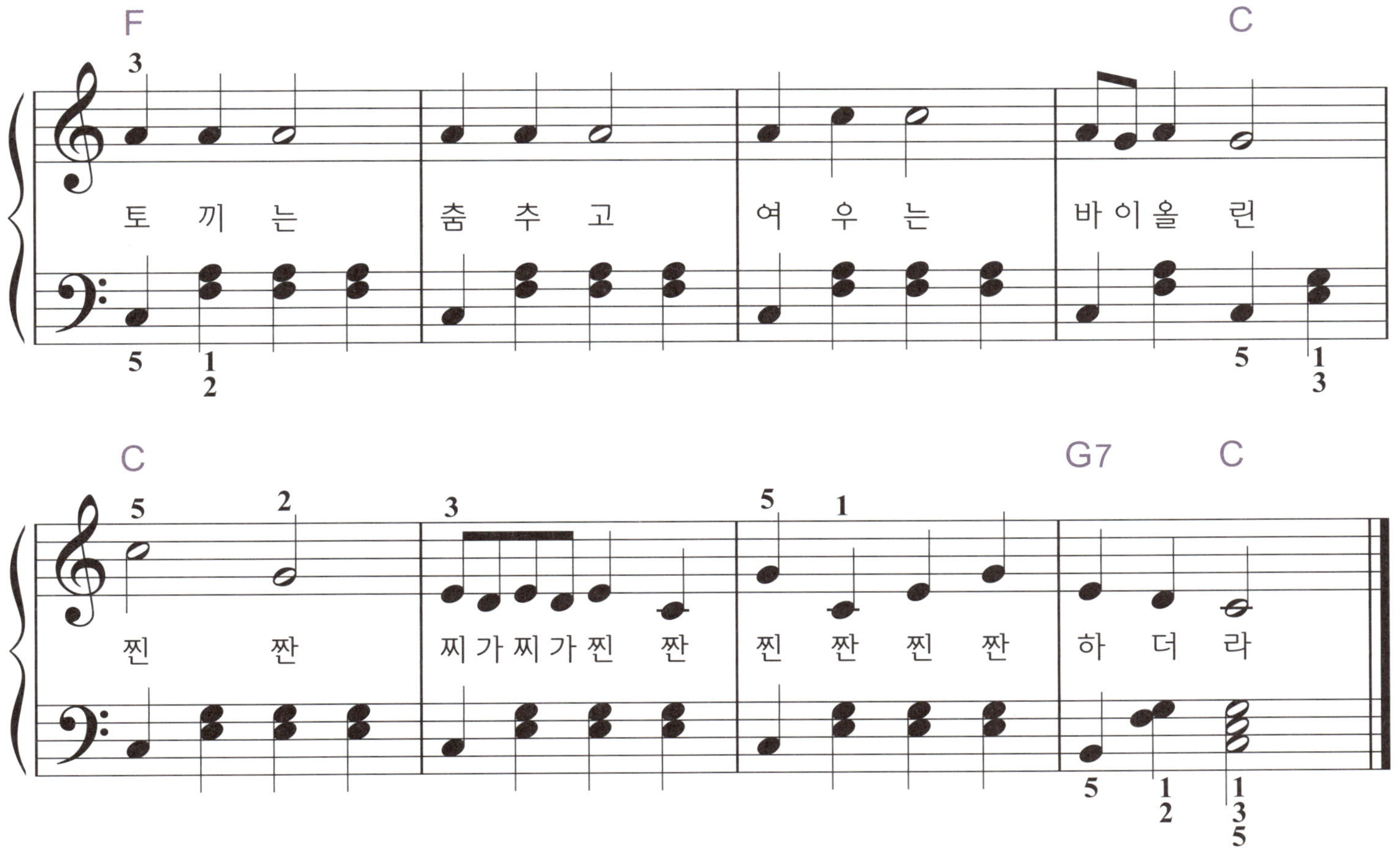

F
C
3
토 끼 는
춤 추 고
여 우 는
바 이 올 린
5
1
2
5
1
3
C
G7
C
5
2
3
5
1
찐 짠
찌 가 찌 가 찐 짠
찐 짠 찐 짠
하 더 라
5
1
2
1
3
5

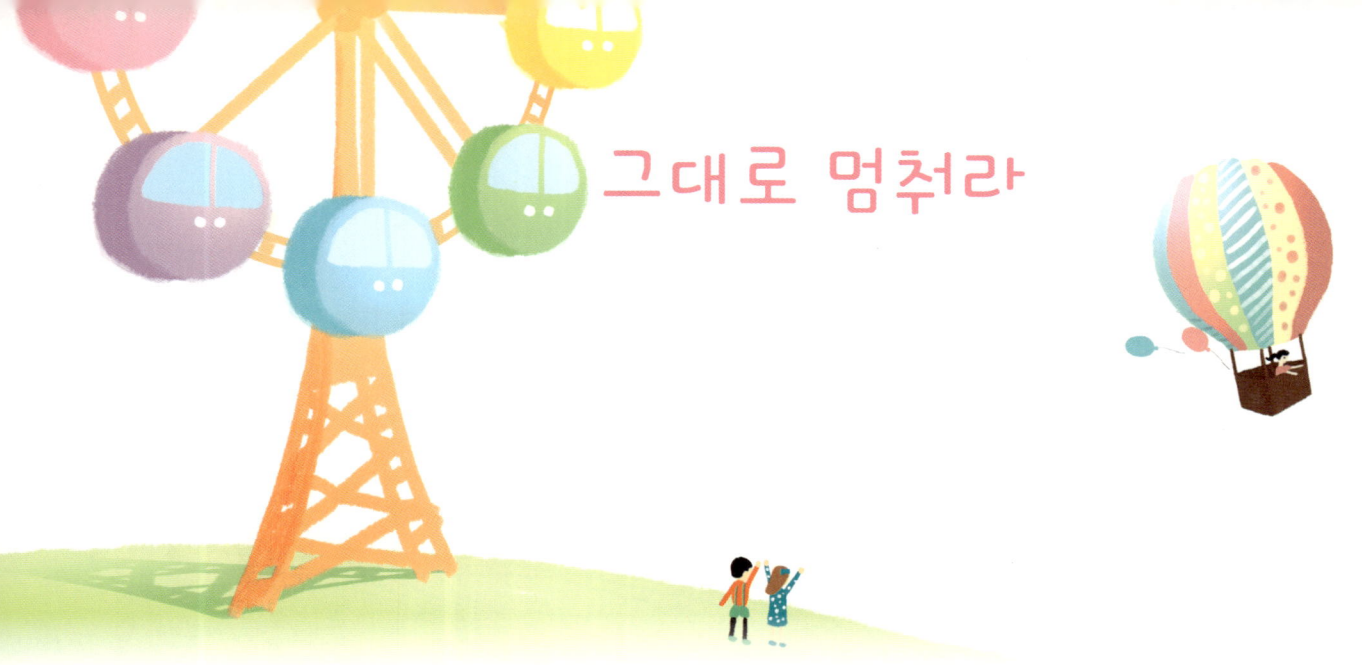

그대로 멈춰라

보통 빠르기로

김방옥 작사 · 작곡

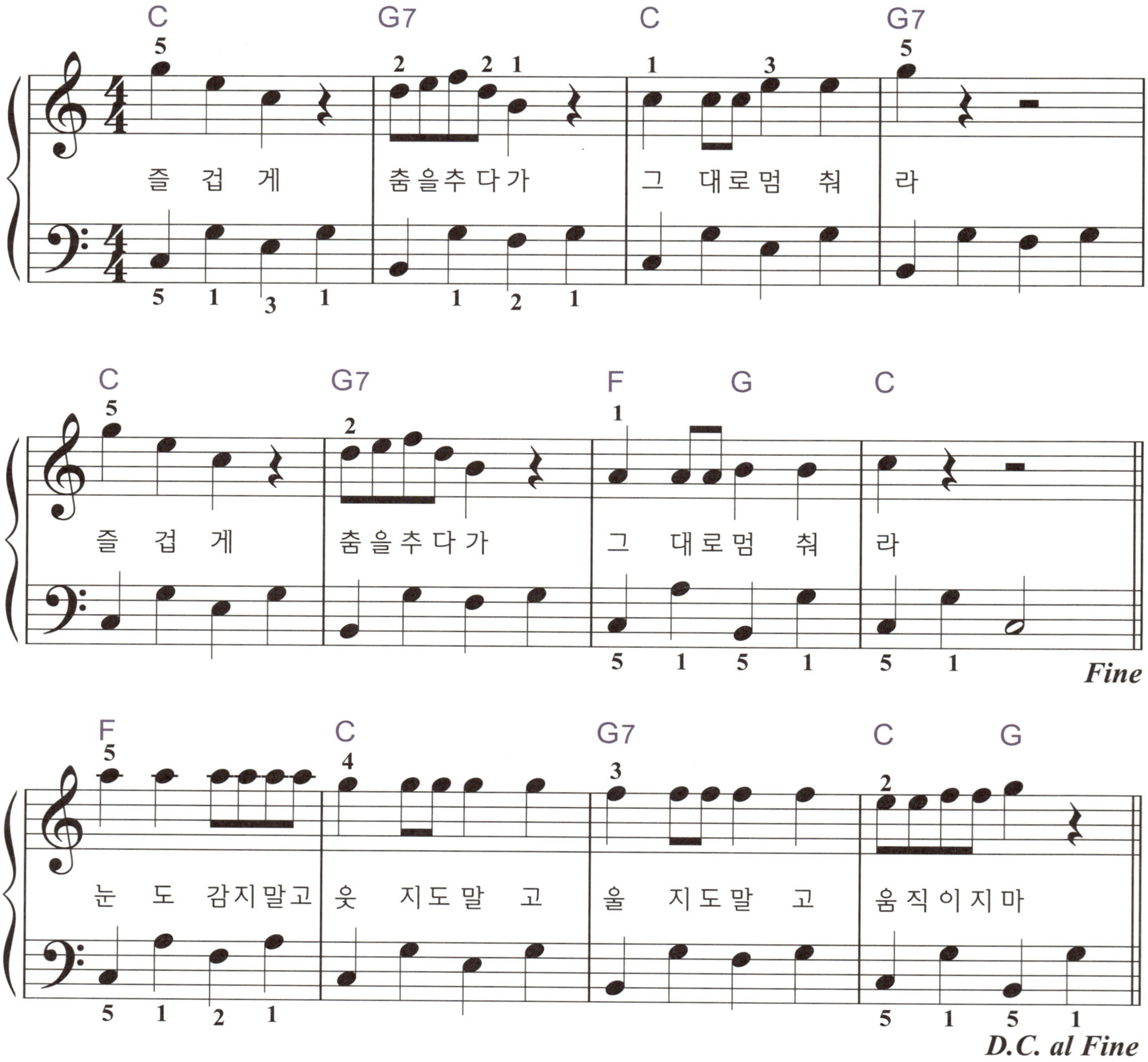

C G7 C G7
즐 겁 게 춤을추다가 그 대로멈 춰 라
C G7 F G C
즐 겁 게 춤을추다가 그 대로멈 춰 라
Fine
F C G7 C G
눈 도 감지말고 웃 지도말 고 울 지도말 고 움직이지마
D.C. al Fine

봄비

보통 빠르게

김성균 작사·작곡

유리창에예쁜 은 구 슬
또 로 로 로 롱
또 로 로 로 롱
떼 굴 떼 굴 굴 러
어 디 로 갈 까
예 쁜 은 구 슬
떼 굴 떼 굴 떼 굴
또 로 롱
떼 굴 떼 굴 떼 굴
또 로 로 로 롱

고요한 밤 거룩한 밤

느리게

그루버 작곡

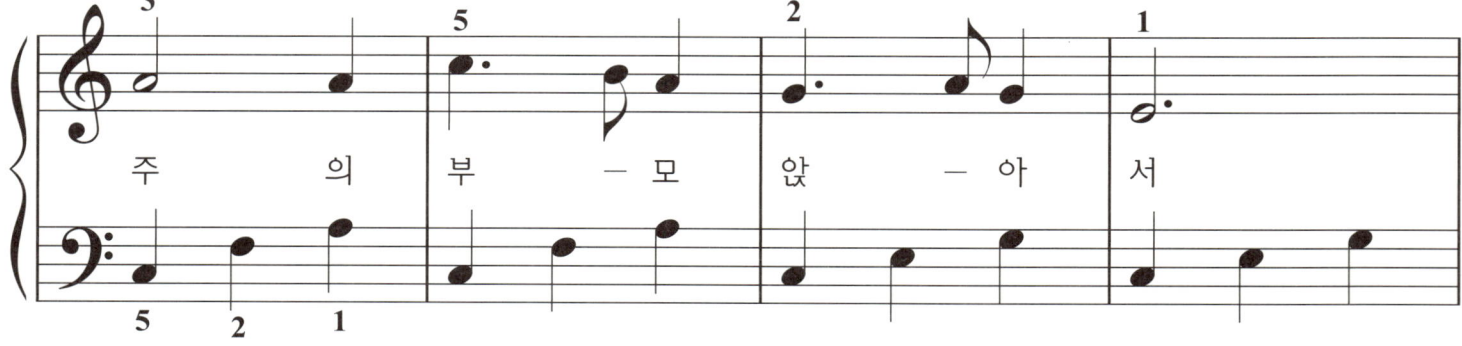

고 요 한 밤 거 룩 한 밤

어 둠 에 묻 힌 밤

주 의 부 —모 앉 —아 서

생일 축하 노래

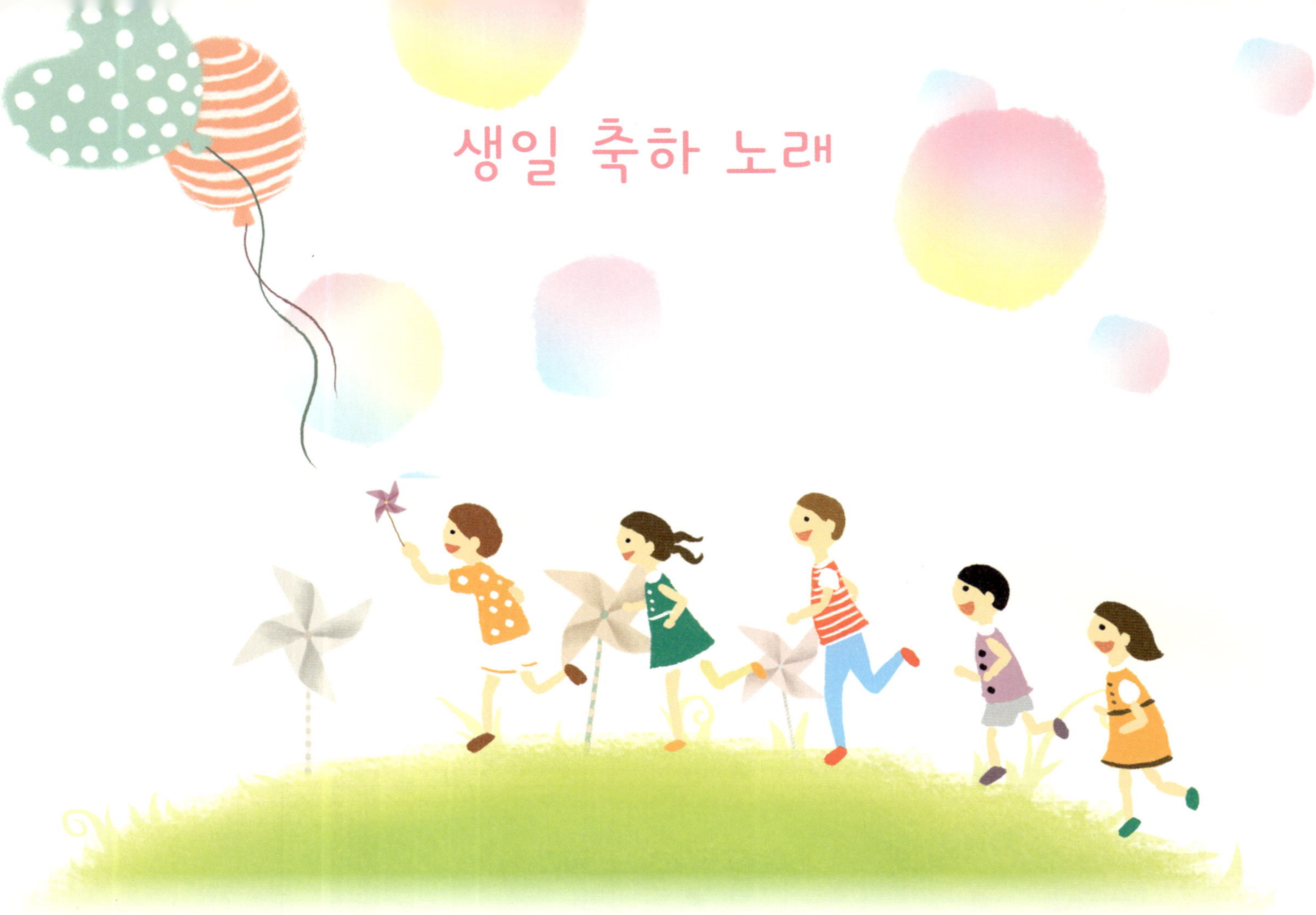

P. S. 힐 작사
M. J. 힐 작곡

보통 빠르게

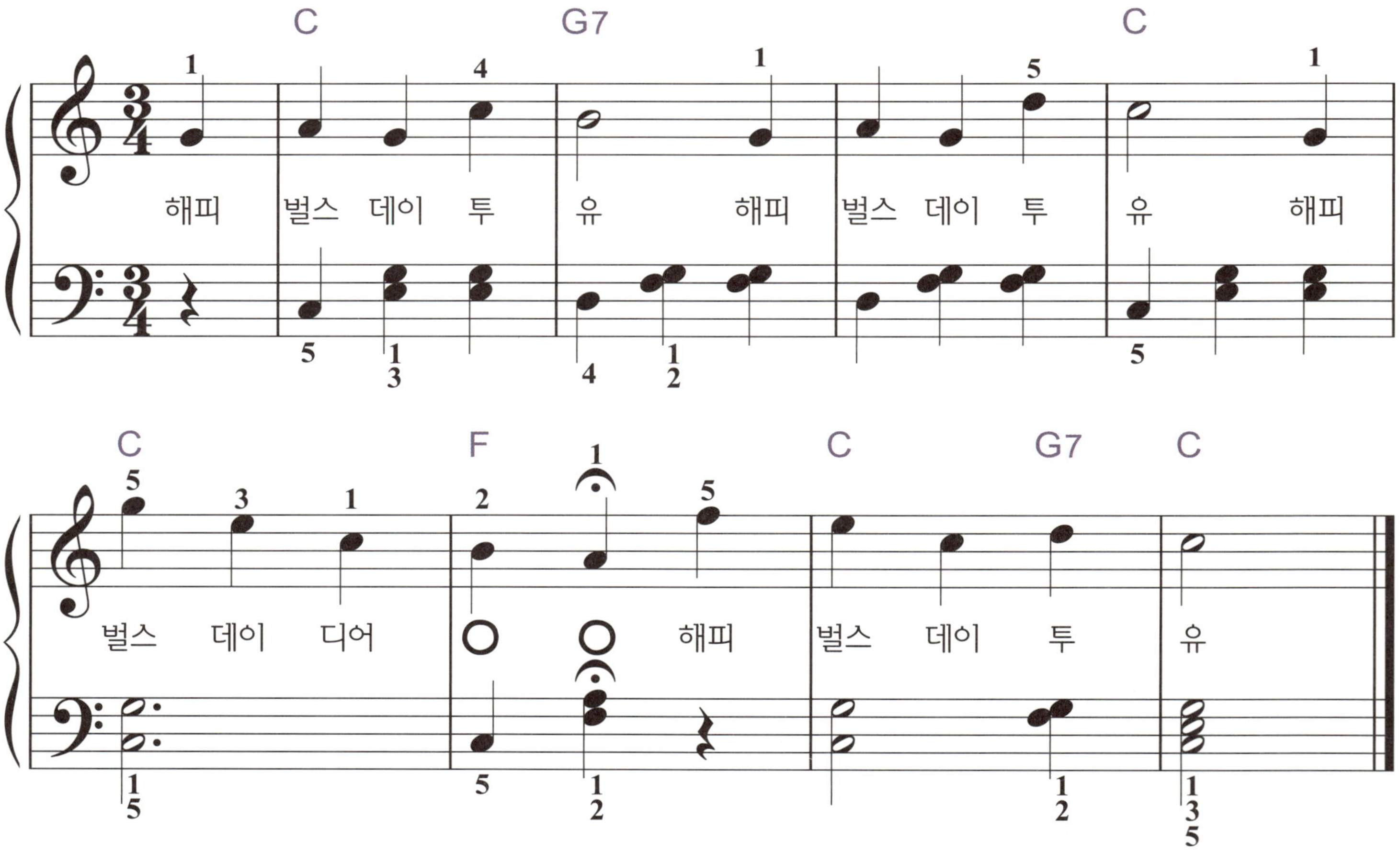

C G7 C
해피 벌스 데이 투 유 해피 벌스 데이 투 유 해피
C F C G7 C
벌스 데이 디어 ○ ○ 해피 벌스 데이 투 유

간다 간다

조금 빠르게   김성균 작사·작곡

간 다 간 다 간 다 간 다 골 목 길 로

간 다 간 다 간 다 간 다 넓 은 길 로

간 다 간 다 간 다 간 다 뛰 뛰 빵 빵

랄 라 라 라 자 동 차

사랑해요

보통 빠르게

작사 · 작곡 미상

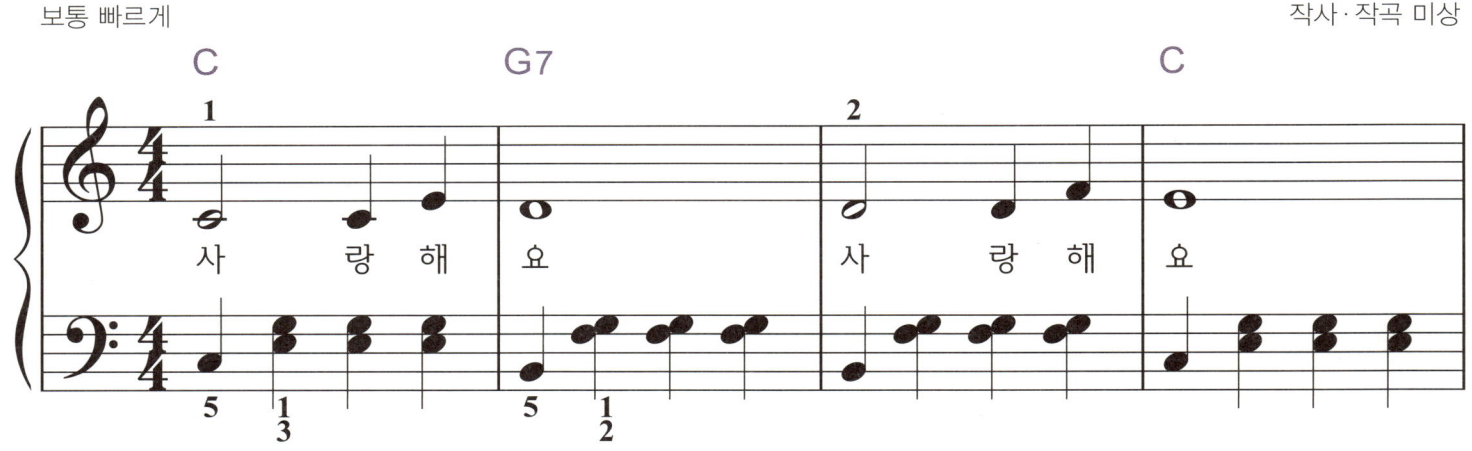

사 랑 해 요　사 랑 해 요

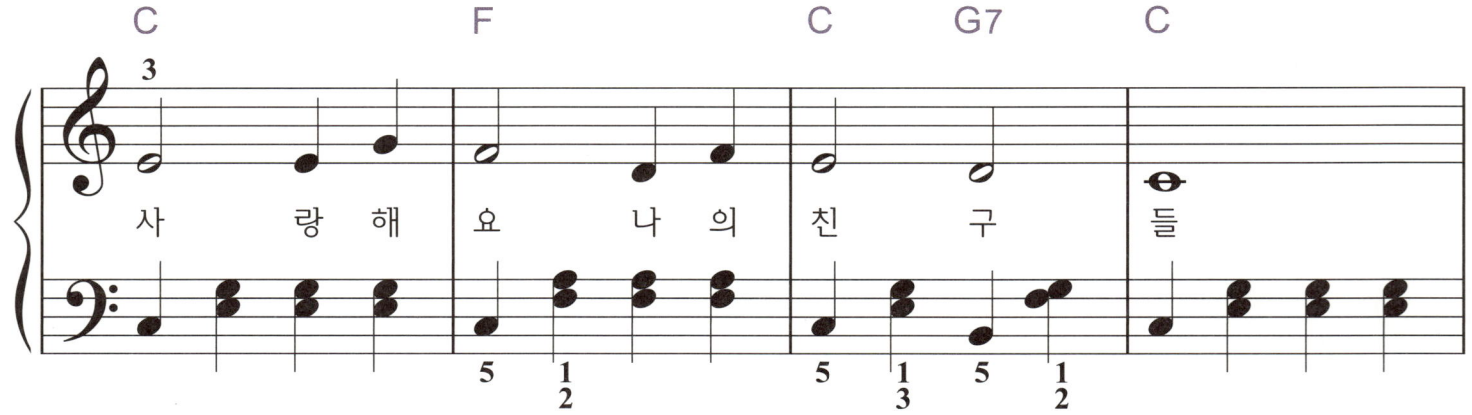

사 랑 해 요 나 의 친 구 들

C   G7   C

사   랑   해   요   사   랑   해   요

5 1 3 1   5 1 2 1

C   F   C   G7   C

사   랑   해   요   나   의   선   생   님

5 1 2 1   5 1 3 1   5 1 2 1

퍼프

P. 야로우·L. 립튼 작곡

조금 빠르게

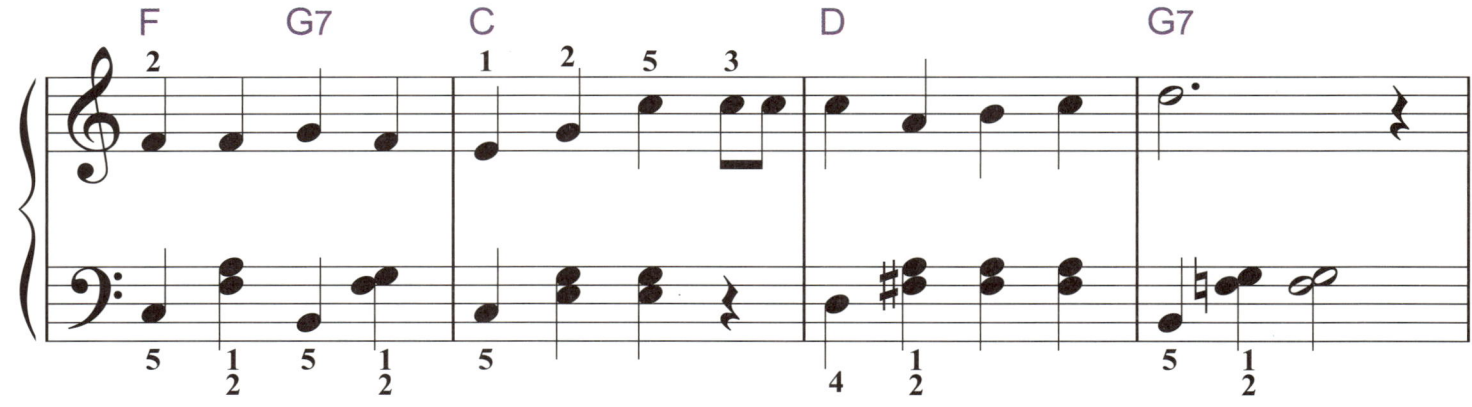

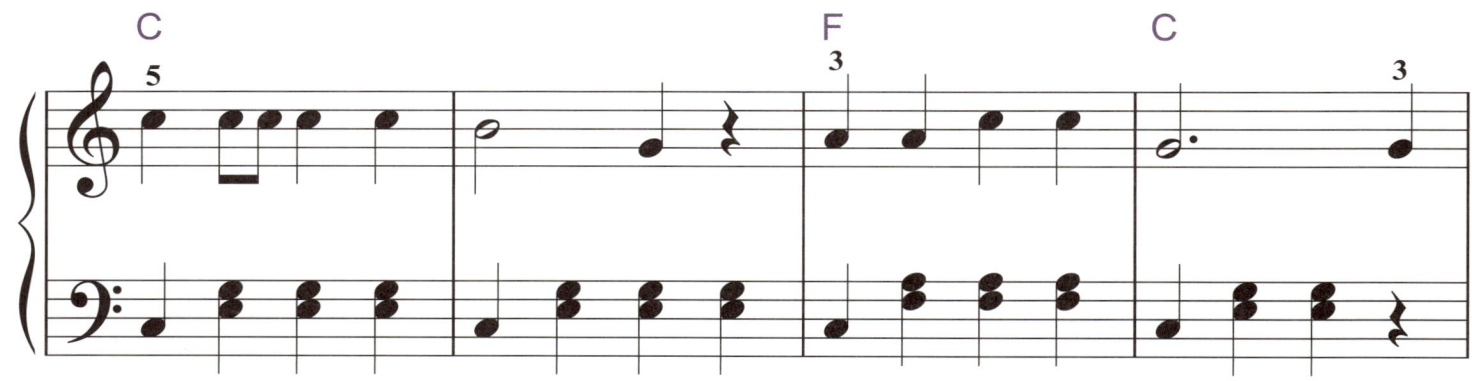

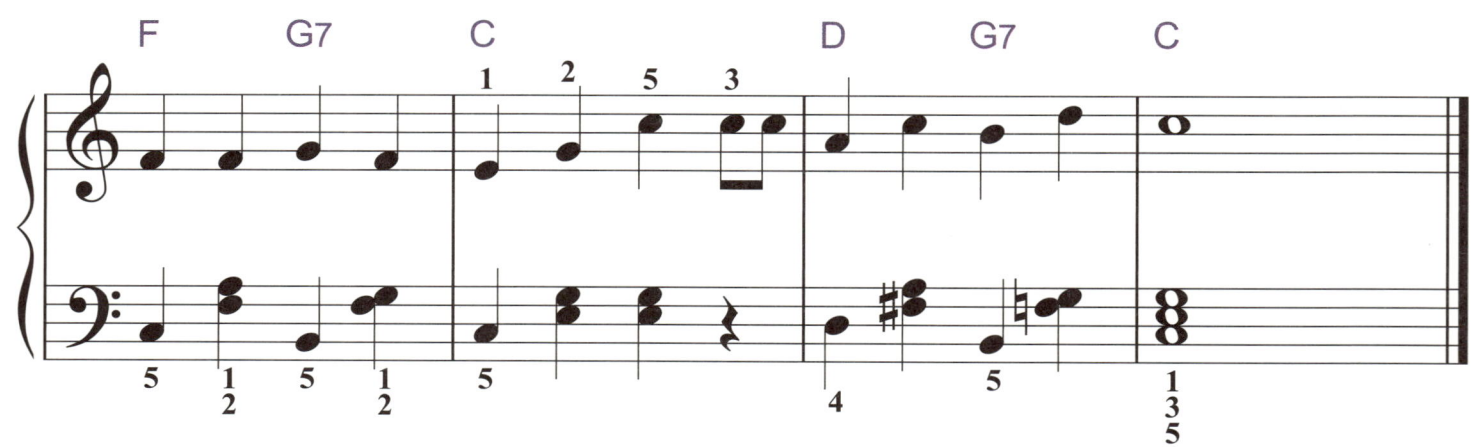

캉캉

경쾌하게

J. 오펜바흐 작곡

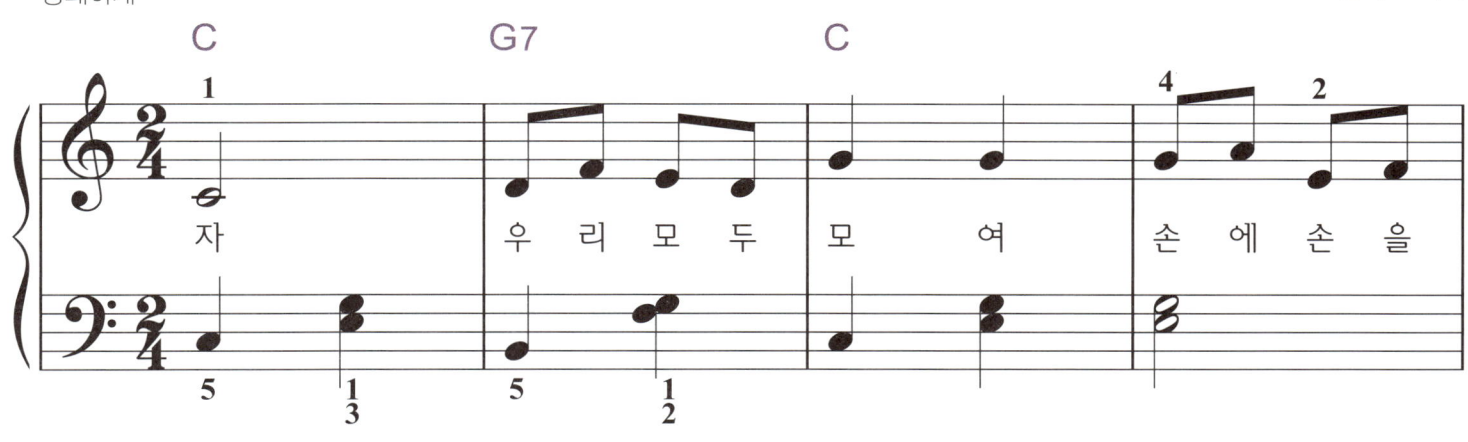

자 / 우 리 모 두 / 모 여 / 손 에 손 을

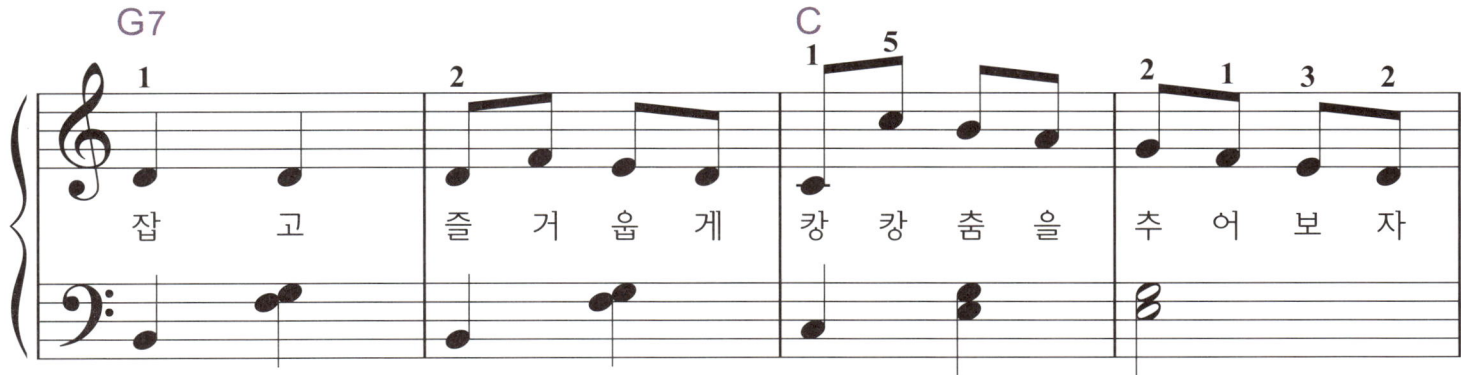

잡 고 / 즐 거 웁 게 / 캉 캉 춤 을 / 추 어 보 자

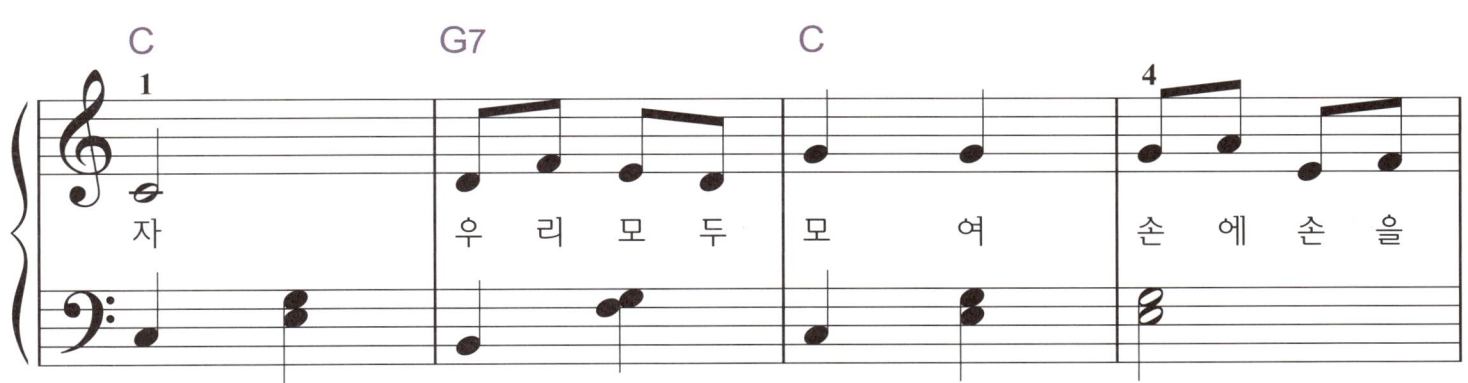

자 / 우 리 모 두 / 모 여 / 손 에 손 을

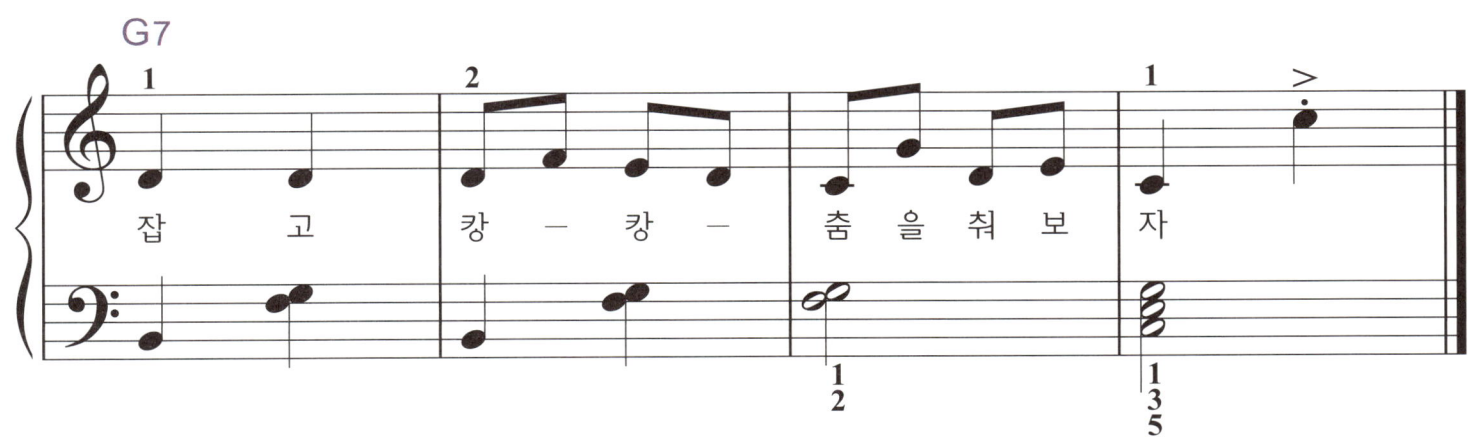

잡 고 / 캉 — 캉 — / 춤 을 춰 보 / 자

하얀 나라

보통 빠르게

김성균 작사·작곡

나는 눈이 좋 아   서   꿈에 눈이 오 나   봐

온 세상이 모 두   하얀 나라였 지   어젯 밤 꿈 속   에

G7   **C**   **G7**   **C**

썰매를탔죠   눈싸움했죠   커다 란눈사람도   만들었 죠

C   **G7**   **C**

나 는 눈이좋 아   서   꿈에눈이오 나   봐

C   **F**   **G7**   **C**

온세상이모 두   하얀나라였 지   어젯 밤꿈 속   에

병원차와 소방차

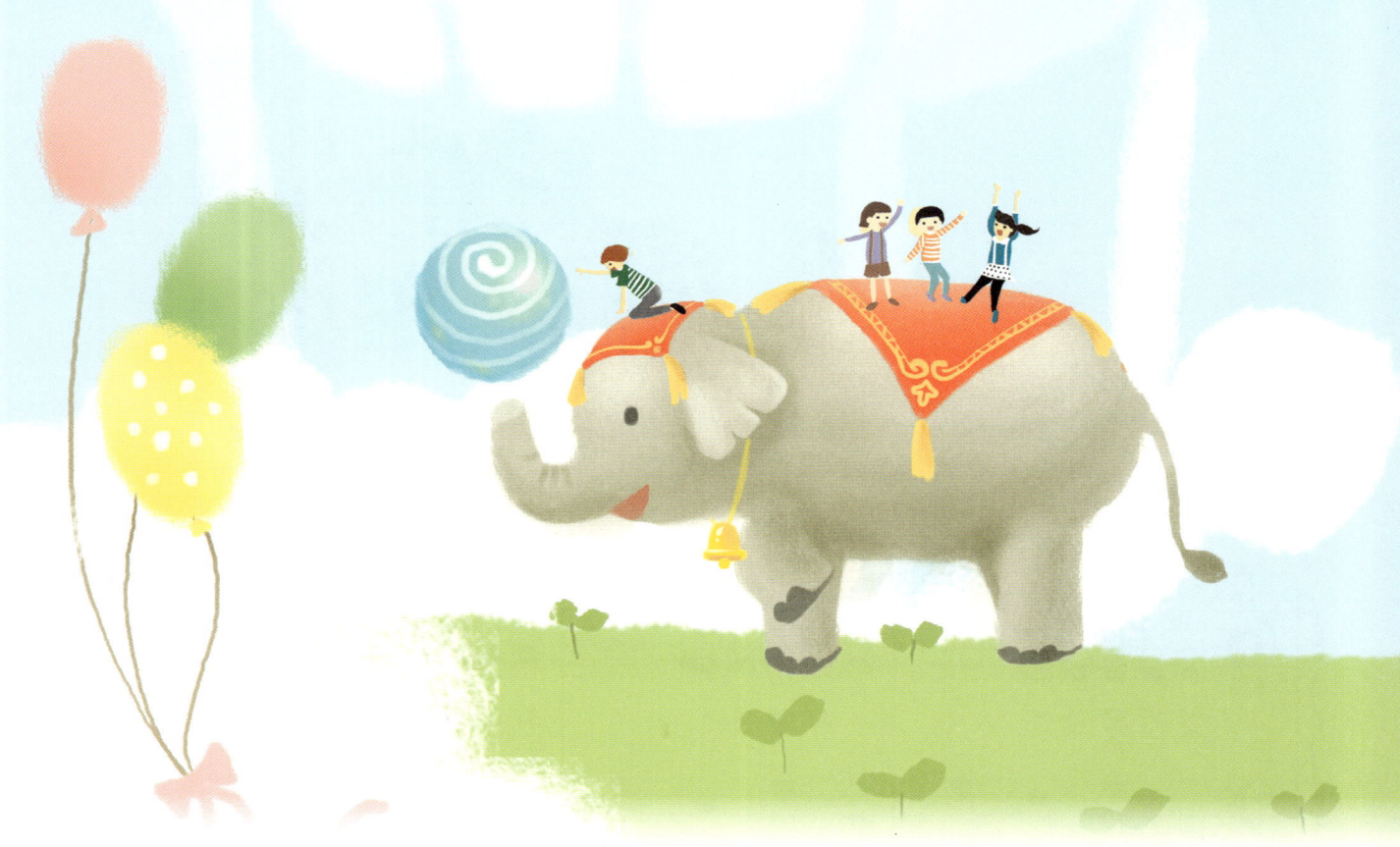

보통 빠르게

유경손 작사 · 작곡

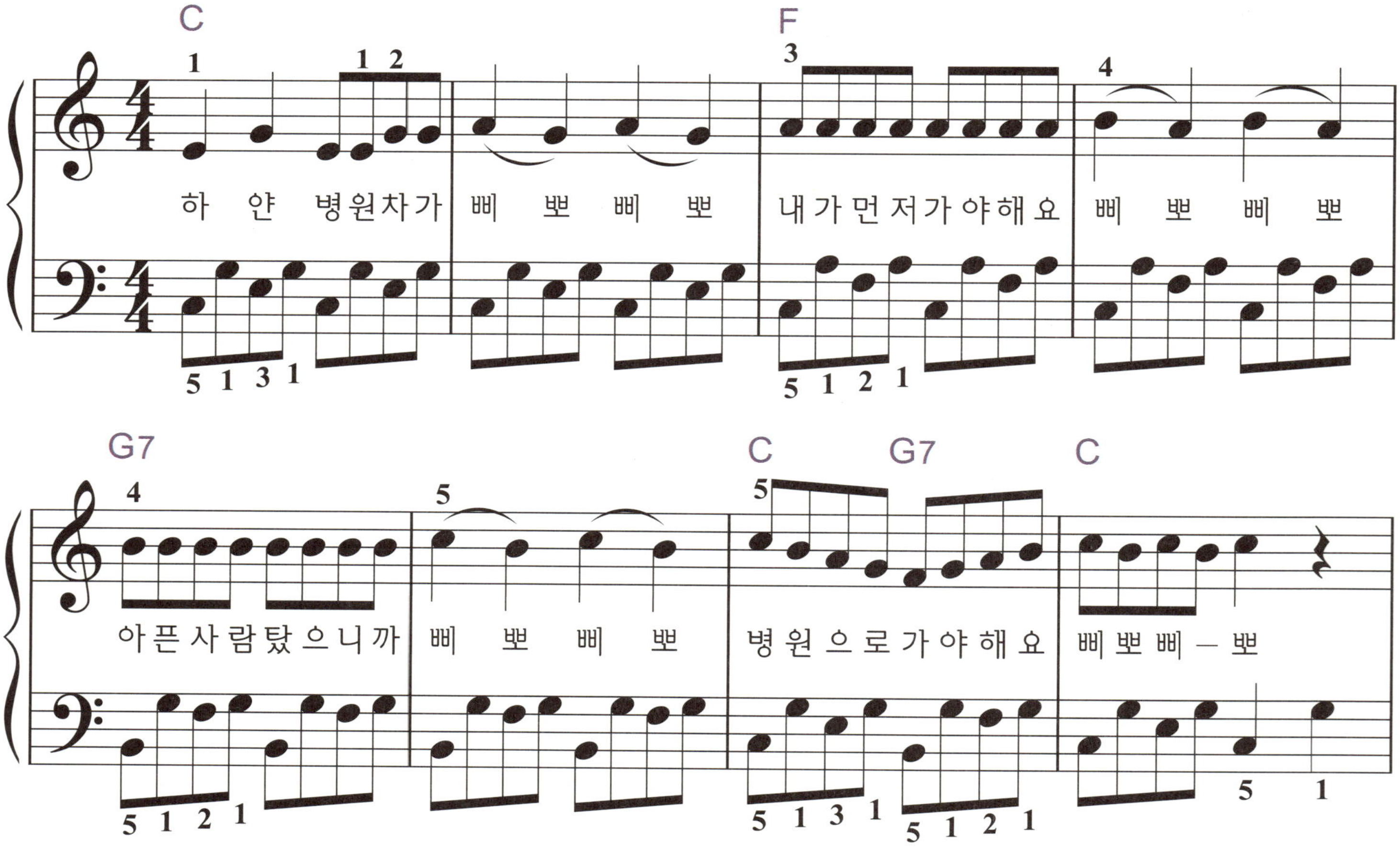
C F G7 C G7 C
하 얀 병원차가 삐 뽀 삐 뽀 내가먼저가야해요 삐 뽀 삐 뽀
아픈사람탔으니까 삐 뽀 삐 뽀 병원으로가야해요 삐뽀삐 — 뽀

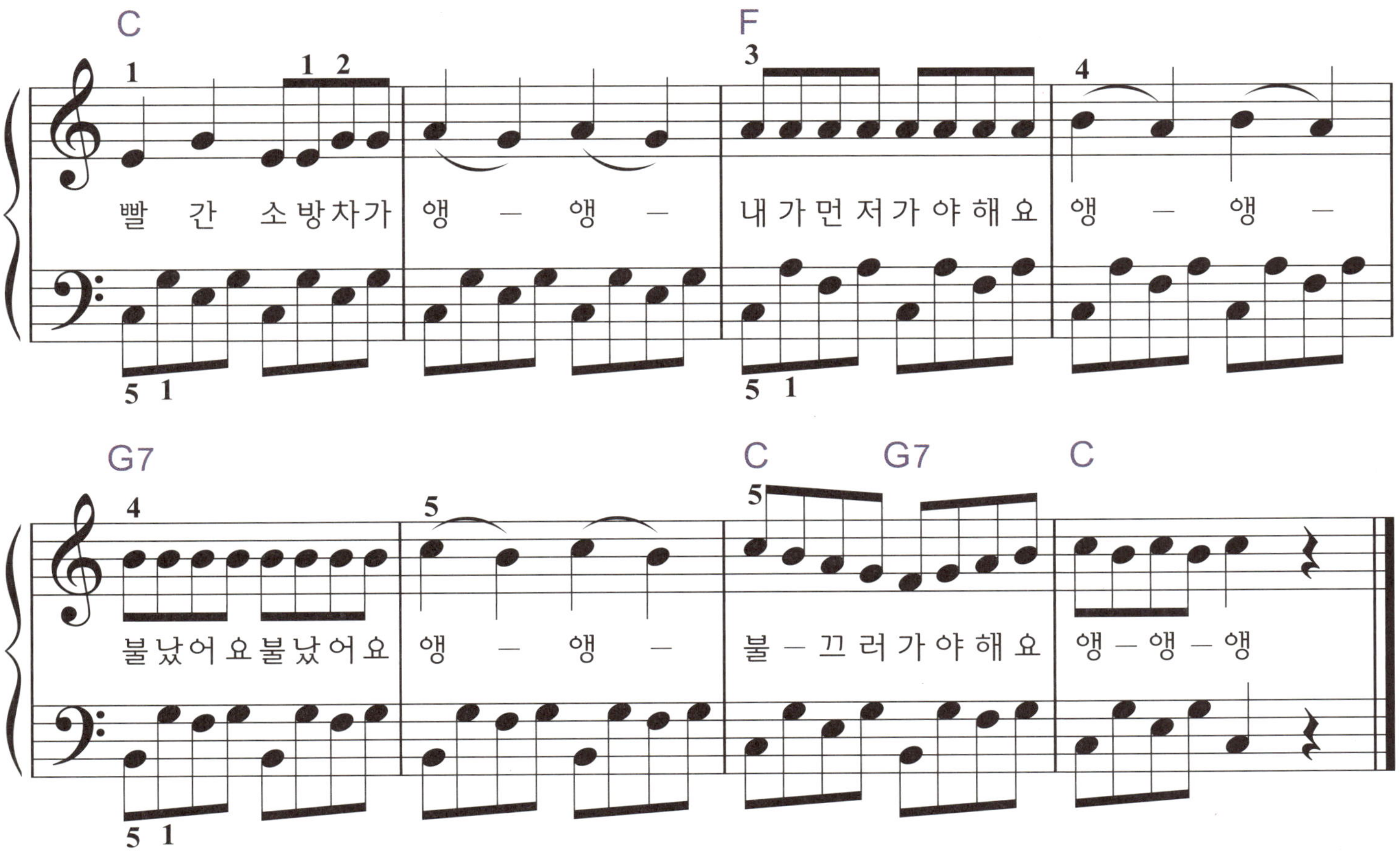

C

빨 간 소 방 차 가 | 앵 — 앵 —

F

내 가 먼 저 가 야 해 요 | 앵 — 앵 —

G7

불 났 어 요 불 났 어 요 | 앵 — 앵 —

C   G7   C

불 — 끄 러 가 야 해 요 | 앵 — 앵 — 앵

올챙이와 개구리

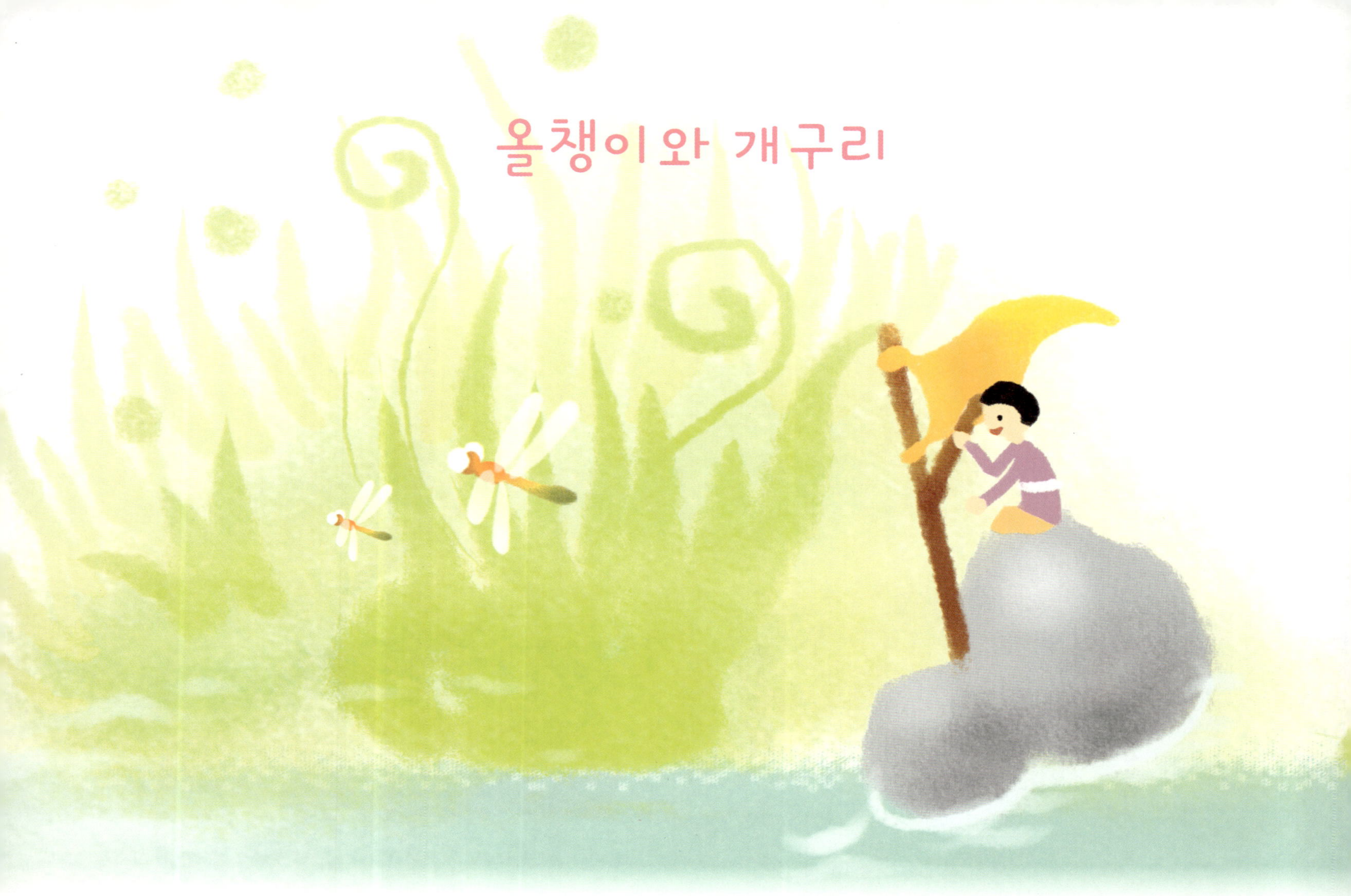

보통 빠르게

윤현진 작사 · 작곡

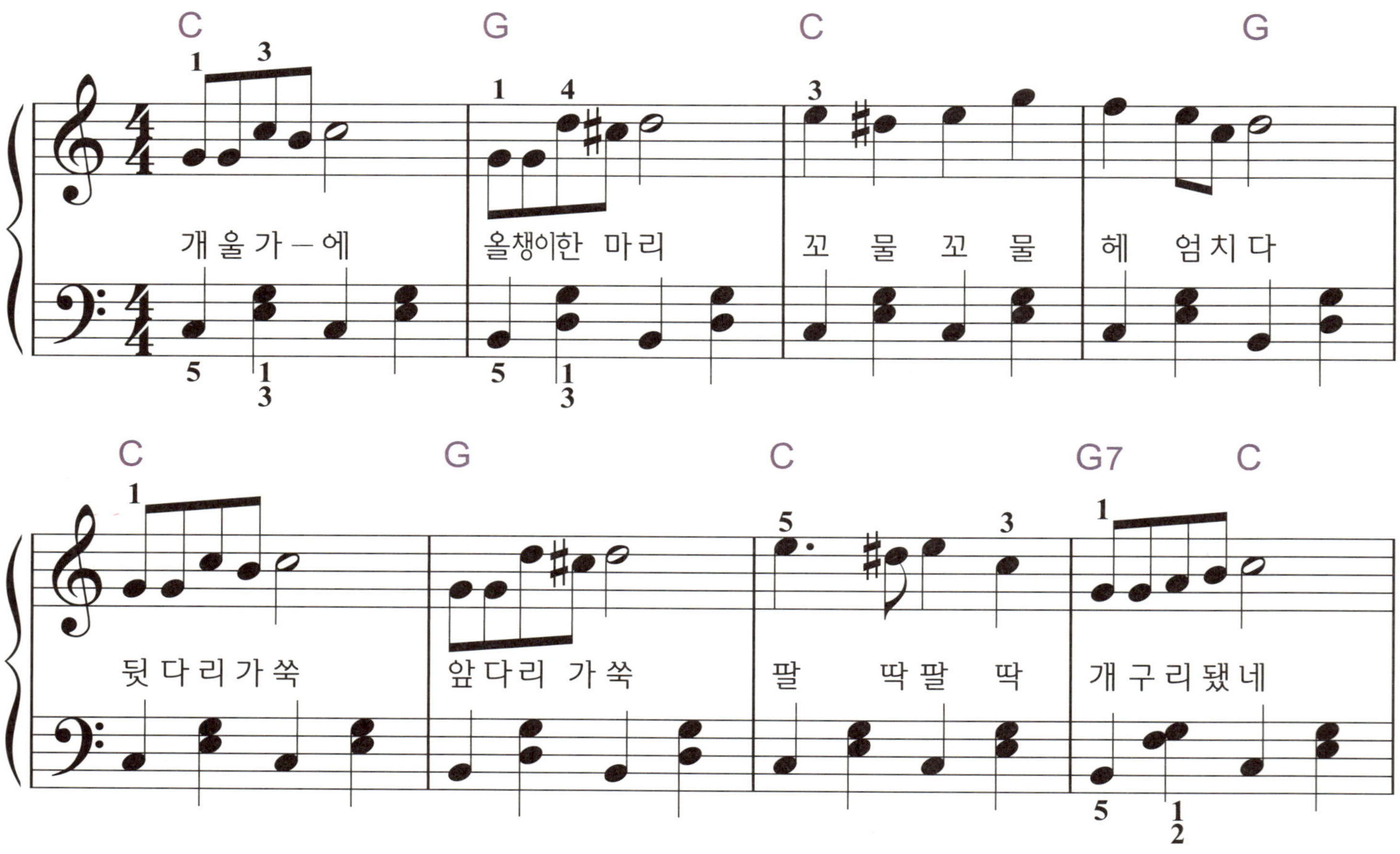
C G C G
개 울 가 ㅡ 에
올챙이한 마 리
꼬 물 꼬 물
헤 엄 치 다
C G C G7 C
뒷 다 리 가 쑥
앞 다 리 가 쑥
팔 딱 팔 딱
개 구 리 됐 네

C   F   C   G

꼬　물꼬 물　꼬　물꼬 물　꼬　물꼬 물　올 챙이가

5 1 3 1   5 1 2 1   5 1 3 1   5 1 3 1

C   G   C   G7   C

뒷 다 리가 쑥　앞 다 리 가 쑥　팔　딱팔 딱　개 구 리됐 네

5   1 3   5   1 2   1 3 5

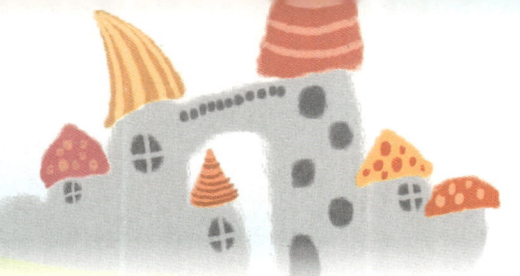

이슬 열매

귀엽고 예쁘게

김인숙 작사
송택동 작곡

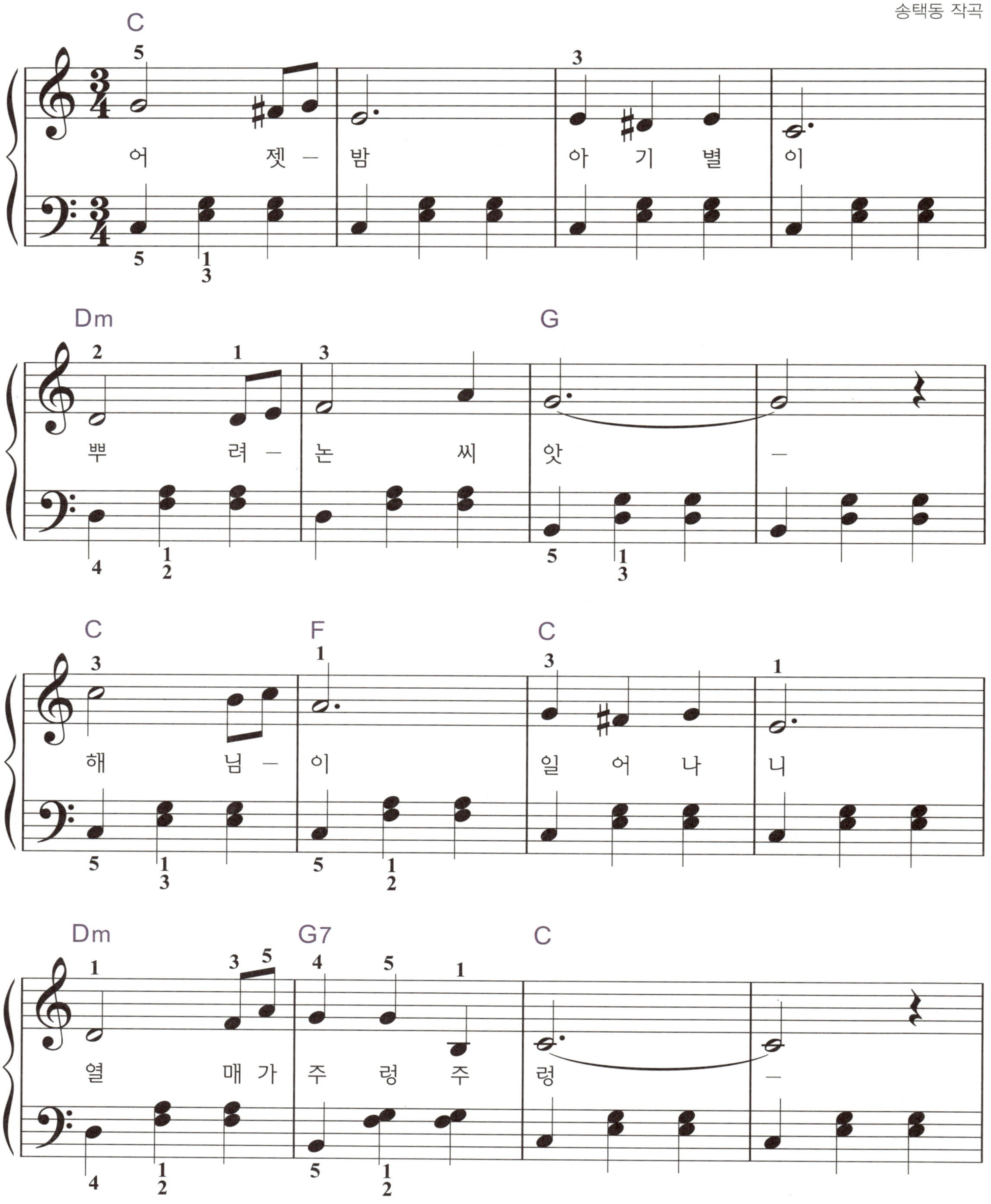
C
어 젯 – 밤 아 기 별 이
Dm G
뿌 려 – 논 씨 앗 –
C F C
해 님 – 이 일 어 나 니
Dm G7 C
열 매 가 주 렁 주 렁 –

수박 파티

김영광 작사
오상철 작곡

경쾌하게

C   G7   C

커다 란수박하나 잘익었나통통통 단숨 에쪼개니 속이보이네

C   G7   C

몇번 더쪼갠후에 너도나도들고서 우리모두하모니카 신나 게불어요

C   F   G7   C G7 C

쭉 쭉 쭉쭉쭉 쓱 쓱 쓱쓱쓱 싹 싹 싹싹싹 쭉쭉쓱쓱싹

C   F   G7   C G7 C

쭉 쭉 쭉쭉쭉 쓱 쓱 쓱쓱쓱 싹 싹 싹싹싹 쭉쭉쓱쓱싹

솜사탕

정근 작사
이수인 작곡

경쾌하게

나뭇가지에　실처럼－　날아 든솜 사　탕

하얀 눈처럼　희고 도－　깨끗 한솜 사　탕

엄마손잡고　나들이할때　먹어 본솜 사　탕

훅 훅 불면은　구멍이뚫 리는　커다란솜 사　탕

37

종이접기

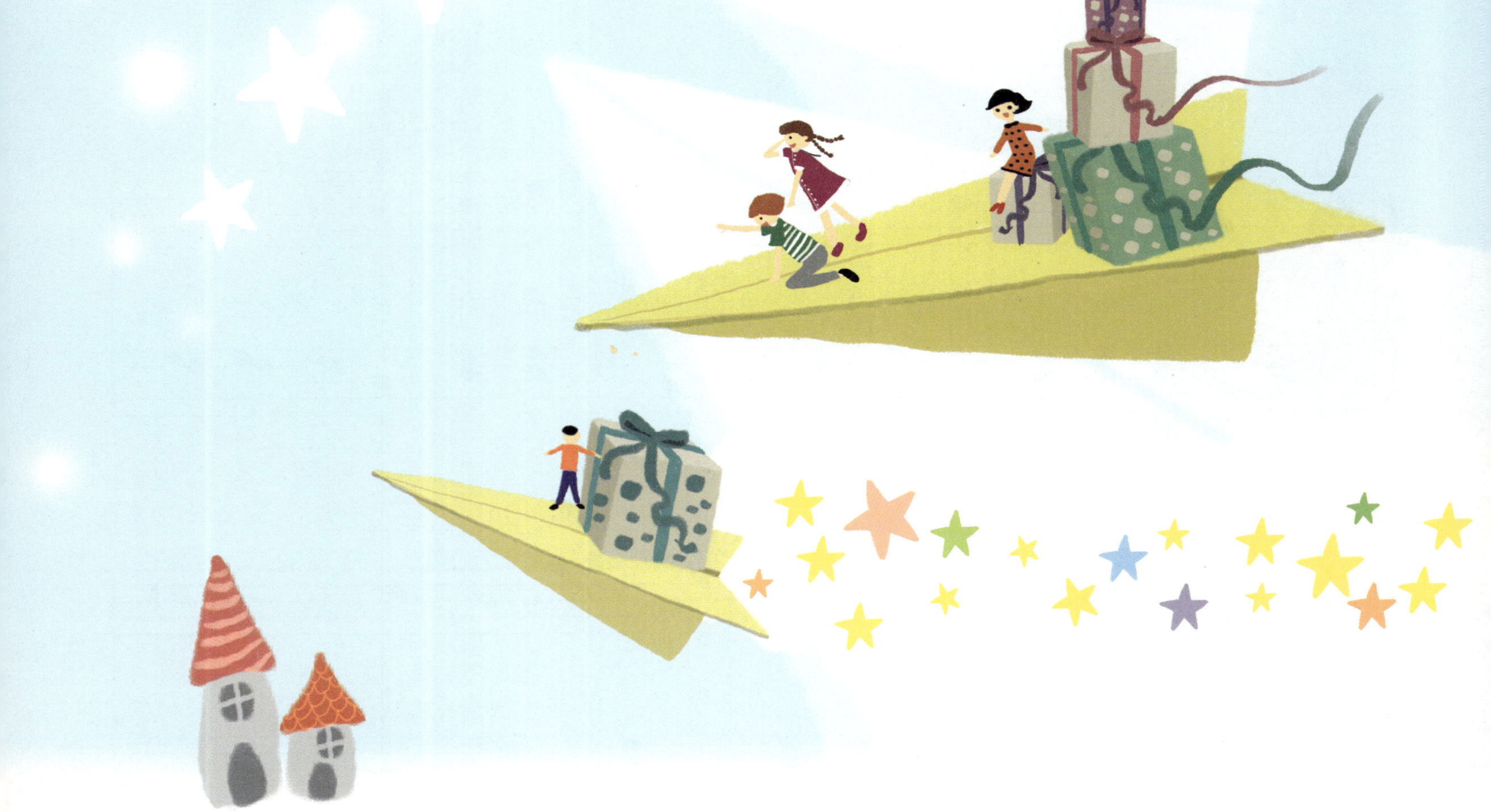

유경숙 작사
김봉탁 작곡

경쾌하게

C
G7
3
2
색종이를 곱－게 접 어서
물감으로 예쁘게 색칠하고
5 1 3 1
5 1 2 1
C
G7
C
3
2
2 1 2
1
알록달록 오색실 꼬리달아
비행기를 만－들 자

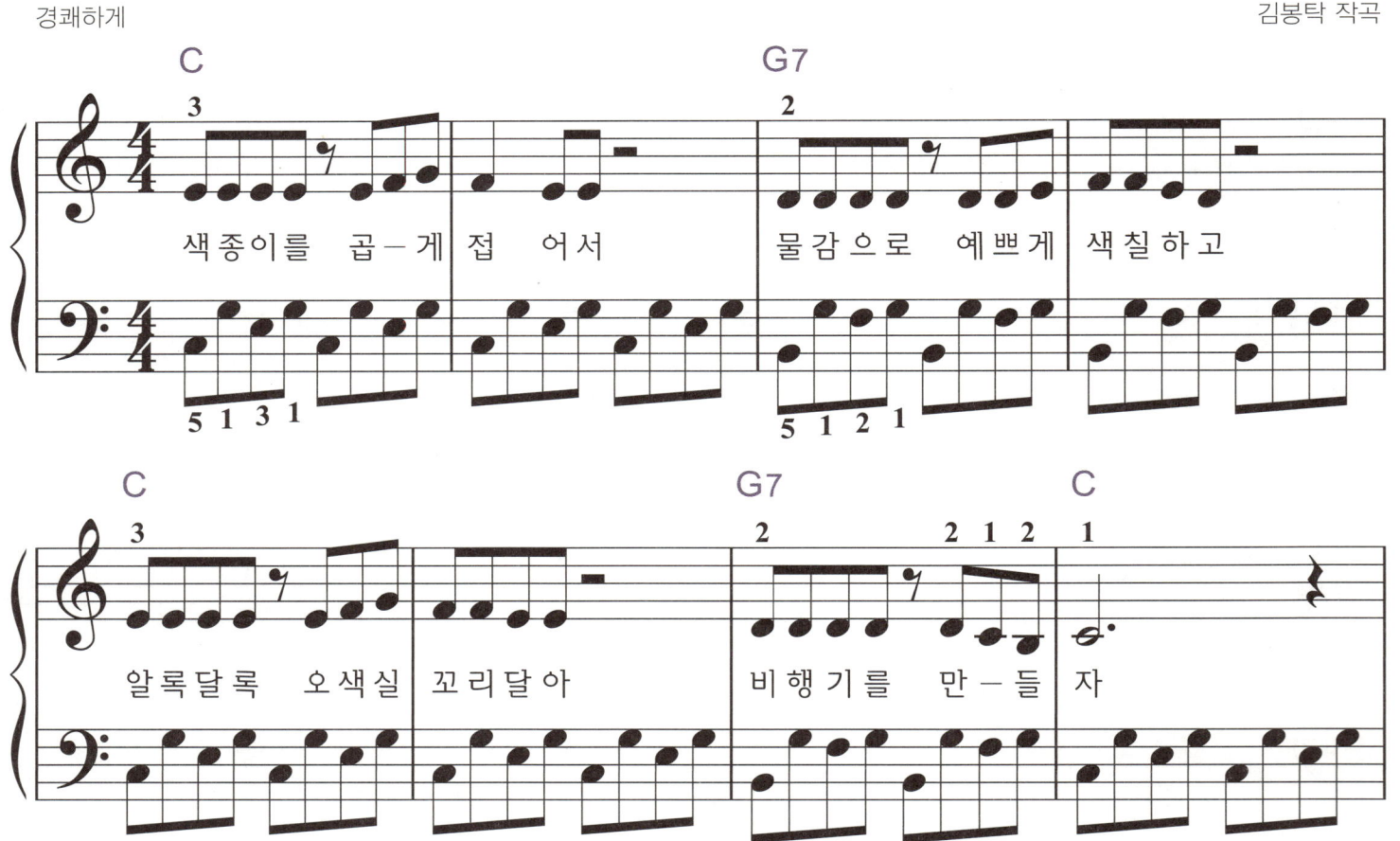

솔 솔 바람부 는 뒷동산에 – 동 네 친구모두 모 여서 –

파 란 하늘향해 날 리면 – 새 처럼 –날아간 다

하 늘 끝 까지날 아라 – 높 이 더–높 이

아빠의 얼굴

하중희 작사
이수인 작곡

보통 빠르기로

어젯밤 꿈 속 — 에   나는 나는 날개 달 고

구 름보다 더 높 이   올라올라갔 지 요

무지개동산에서 놀 고 있을 때   이리저리 나를 찾 는 아 빠 의얼 굴

멋쟁이 토마토

조금 빠르게

김영광 작사·작곡

울퉁불퉁멋진몸매 에   빠알간옷을입 고

새콤달콤향내풍기 는   멋쟁이토 마 토 토마토

꼬부랑 할머니

조금 빠르게

한태근 작사 · 작곡

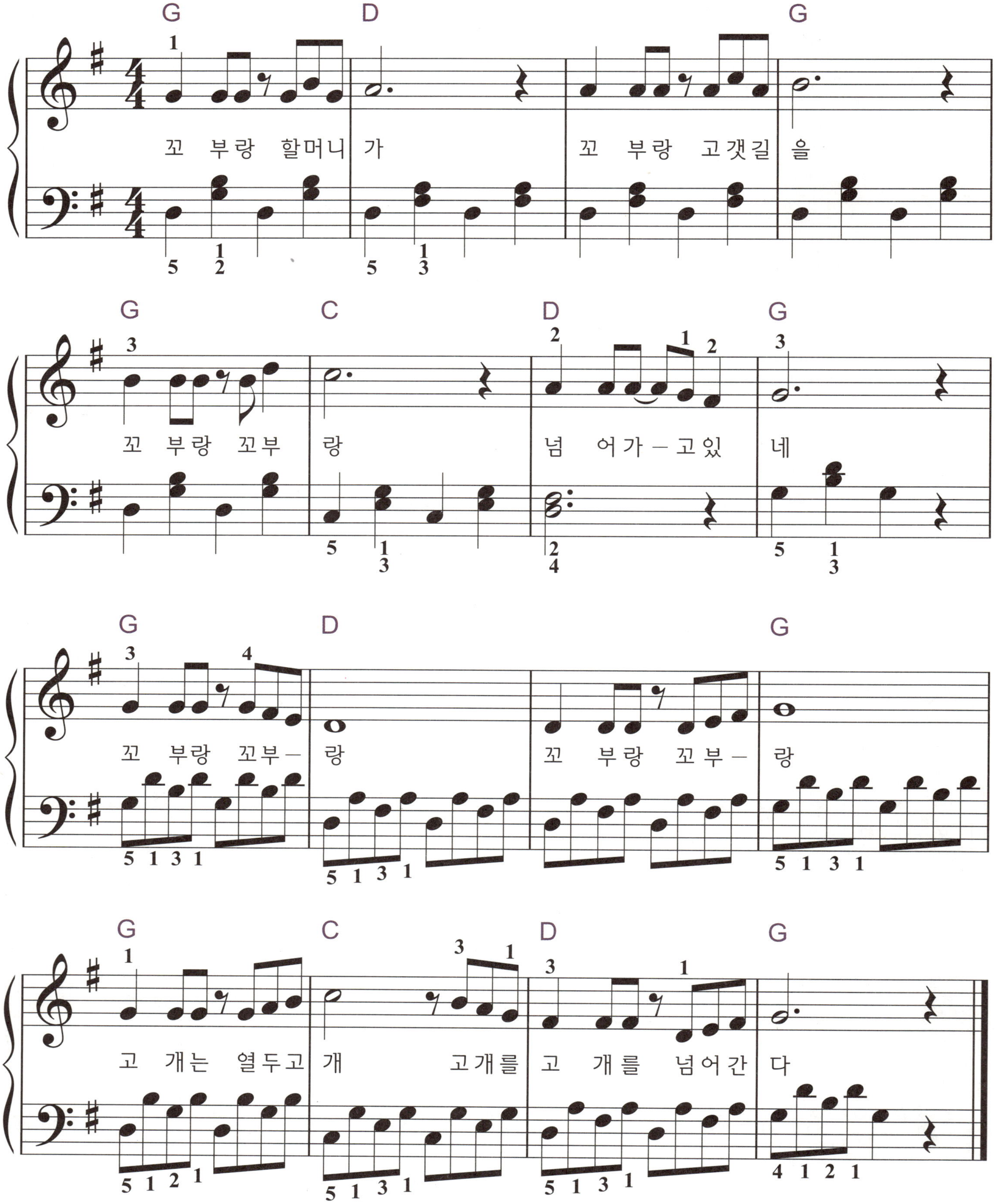

꼬 부랑 할머니 가   꼬 부랑 고갯길 을

꼬 부랑 꼬부 랑   넘 어가 - 고있 네

꼬 부랑 꼬부 - 랑   꼬 부랑 꼬부 - 랑

고 개는 열두고 개   고개를 고 개를 넘어간 다

44

잉잉잉

경쾌하게

김성균 작사·작곡

러브송

김영아 작사
엘가 작곡

겨울 바람

조금 빠르게

백순진 작사·작곡

C / F / C G7 / C

손 이 시 려워 (꽁) 발 이 시 려워 (꽁) 겨 울바 람때 문 에 (꽁 꽁 꽁)

C / F / C G7 / C

손 이꽁 꽁꽁 (꽁) 발 이꽁 꽁꽁 (꽁) 겨 울바 람때 ─문 에

G7 / F C / B7 / Em

어 디서 이 바람은 시 작 됐는 지

48

| B7 | Em | B7 | Em | D | | G7 |

산 너머 인지　　바 다건 넌지　　너 무너 무얄 미 워

| C | F | C | G7 | C |

손 이시 려워 (꽁)　　발 이시 려워 (꽁)　　겨 울바 람때 문　에 (꽁 꽁 꽁)

| C | F | C | G7 | C |

손 이꽁 꽁꽁 (꽁)　　발 이꽁 꽁꽁 (꽁)　　겨 울바 람때 －문　에 (꽁 꽁)

괜찮아요

조금 느리게

김성균 작사·작곡

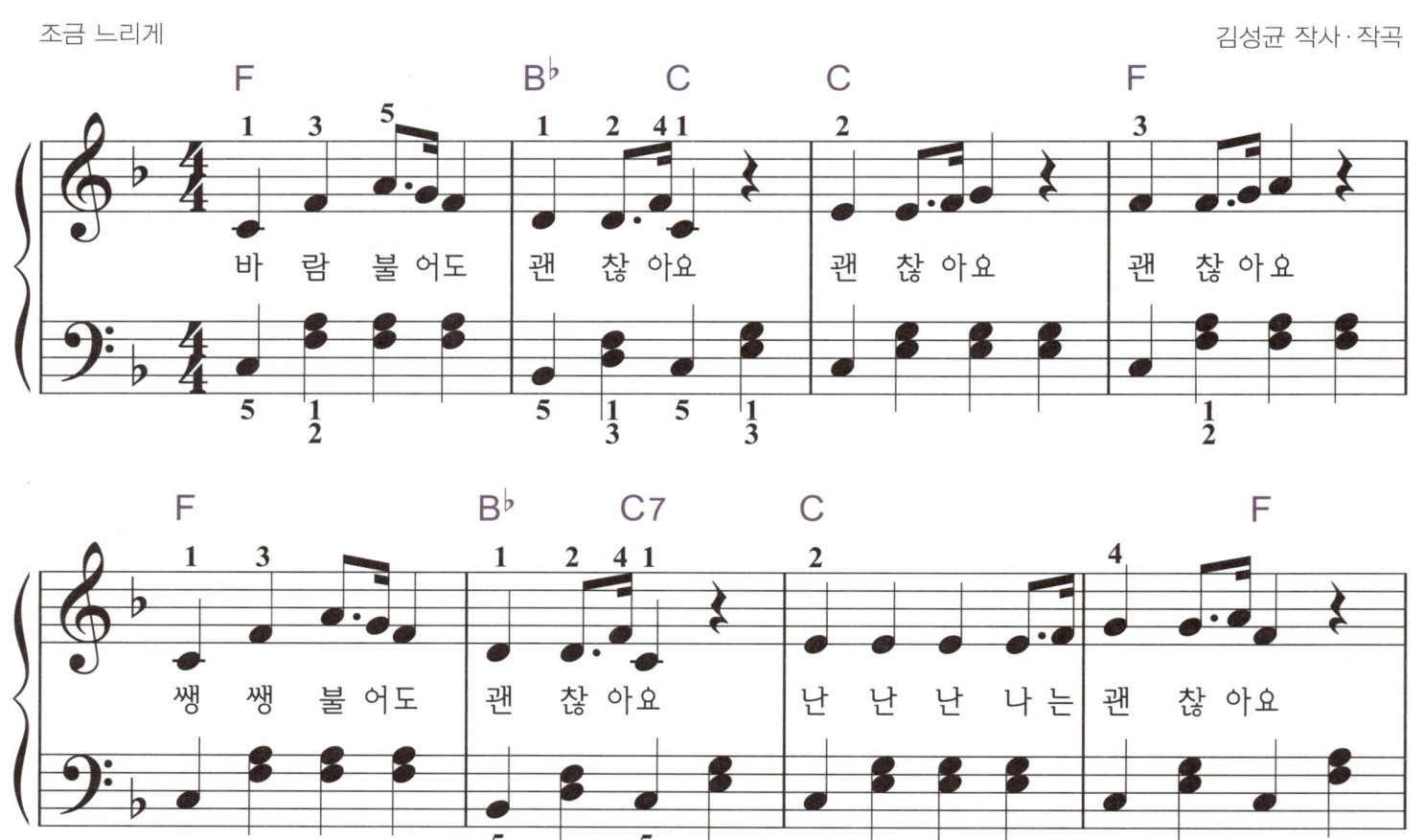

바 람 불 어 도　괜 찮 아 요　괜 찮 아 요　괜 찮 아 요

쌩 쌩 불 어 도　괜 찮 아 요　난 난 난 나 는 괜 찮 아 요

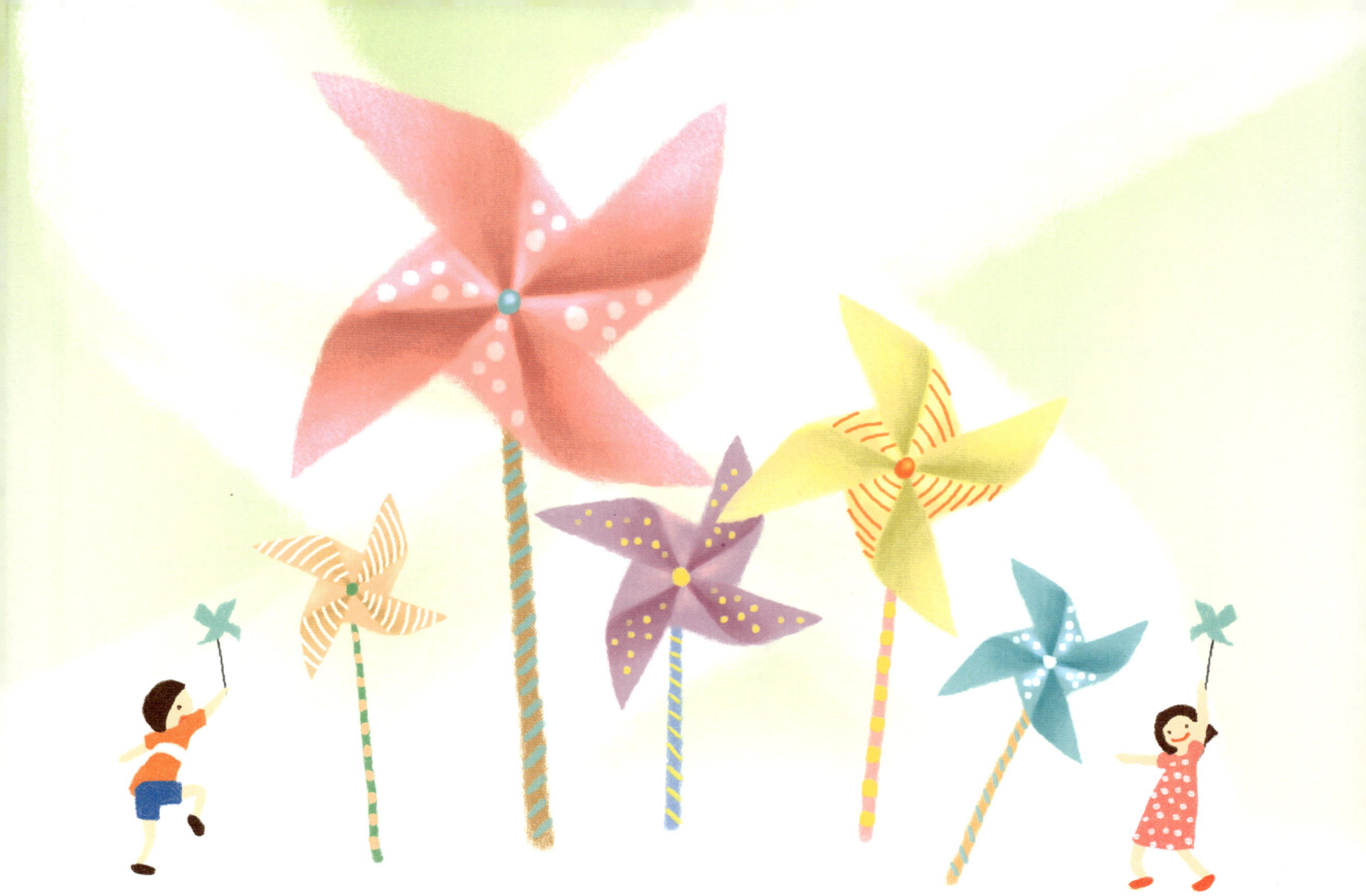

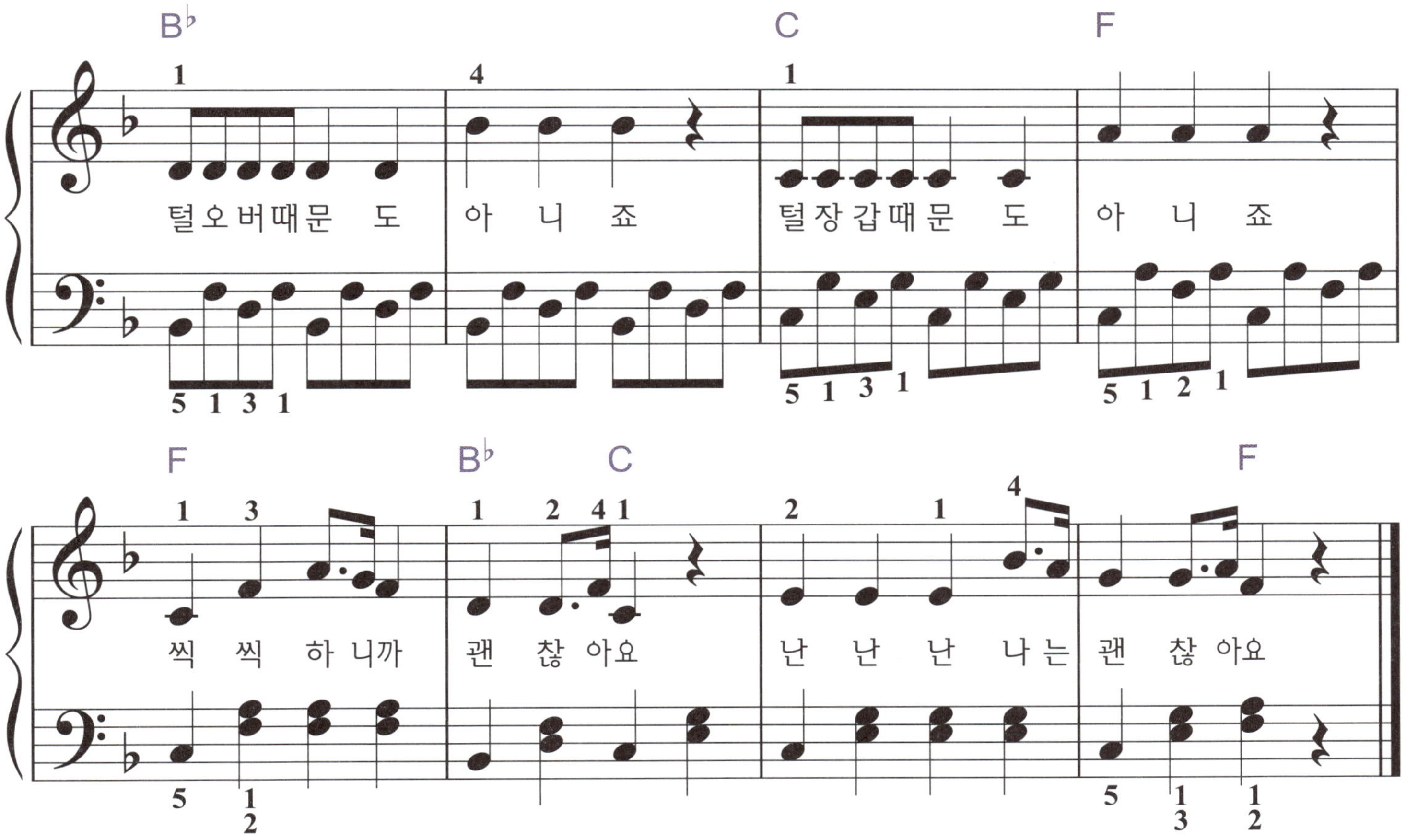

B♭ C F
털오버때문 도 아 니 죠 털장갑때문 도 아 니 죠
F B♭ C F
씩 씩 하 니까 괜 찮 아요 난 난 난 나는 괜 찮 아요

루돌프 사슴코

토니 마크스 작곡

보통 빠르기로

루 돌 프 사 슴 코 는   매 우 반 짝 이 는   코

만 일 내 가 봤   다 면   불 붙 는 다 했 겠   지

다 른 모 든 사   슴 들   놀 려 대 며 웃 었   네

가 엾 은 저 루   돌 프   외 톨 이 가 되 었   네

내가 제일 좋아하는 말

정하나 작사
정예경 작곡

조금 느리게

산보

이웃집 토토로 중에서

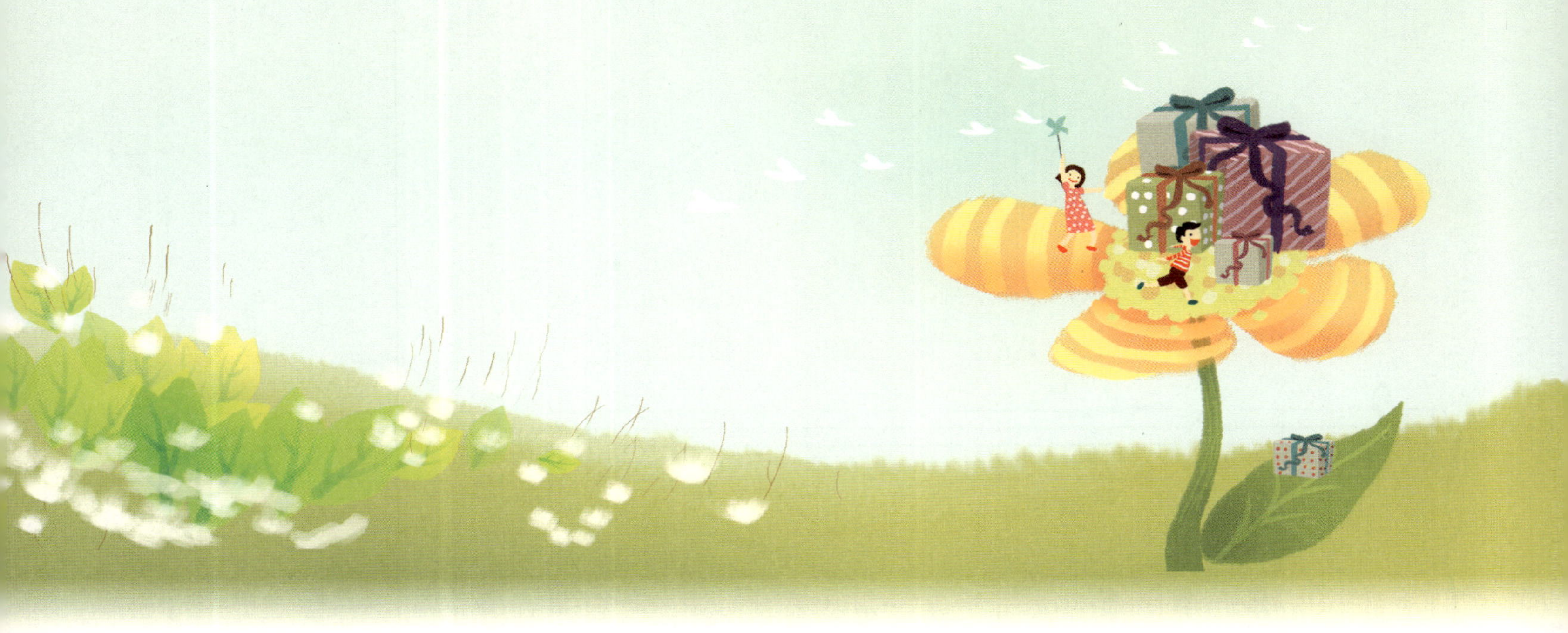

보통 빠르게

J.히사이시 작곡

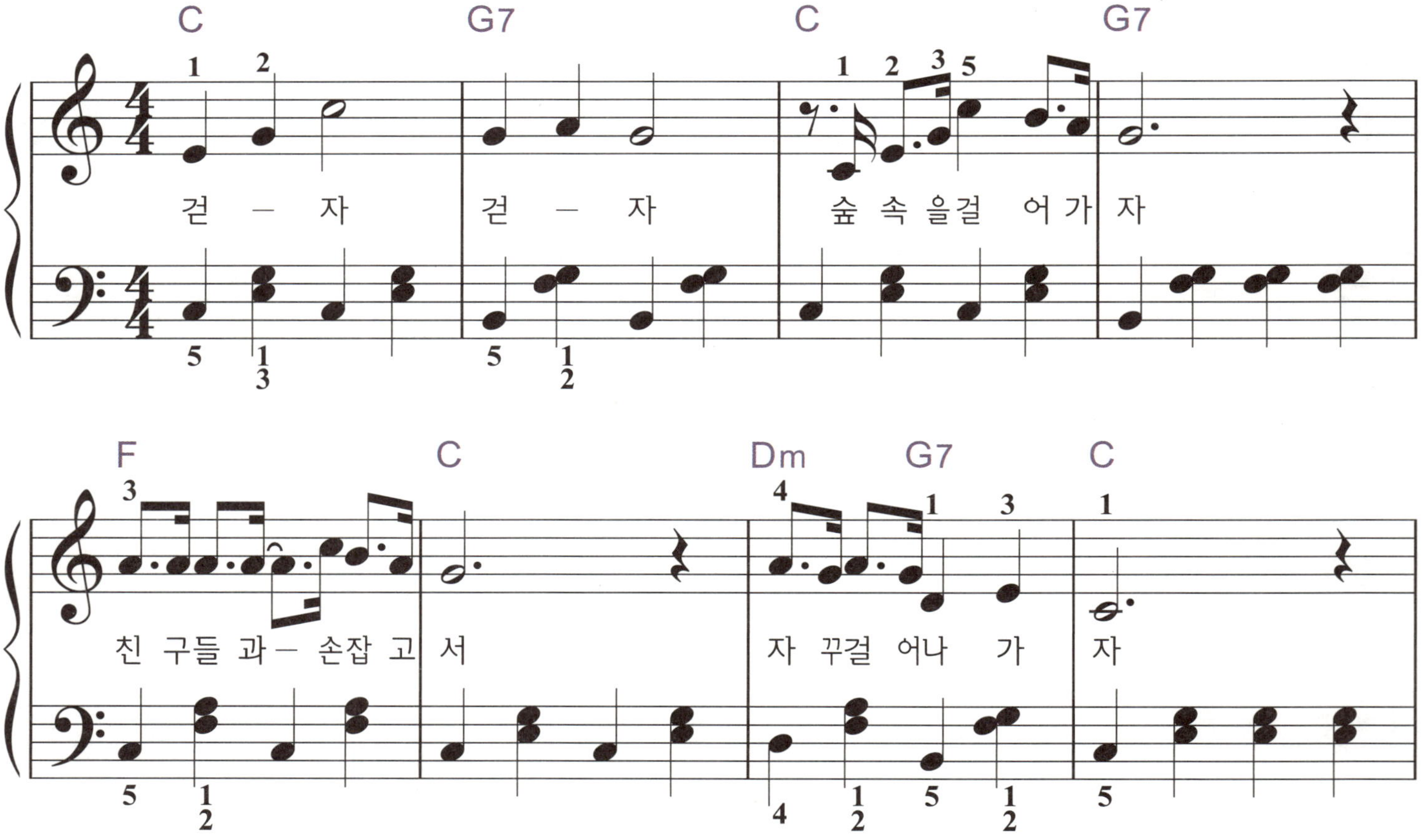
C G7 C G7
걷 ㅡ 자 걷 ㅡ 자 숲 속 을걸 어 가 자
F C Dm G7 C
친 구들 과 ㅡ 손잡 고 서 자 꾸걸 어나 가 자

Fm | C | Fm | C

높은언덕— 깊은숲속— 푸른들판을

Am C | F | D7 | G7

외나무다리와 울퉁불퉁자갈길로

C | G7 | F G7 | C

거미집을나오면 내리막길로

한국을 빛낸 100명의 위인들

보통 빠르게

박문영 작사·작곡

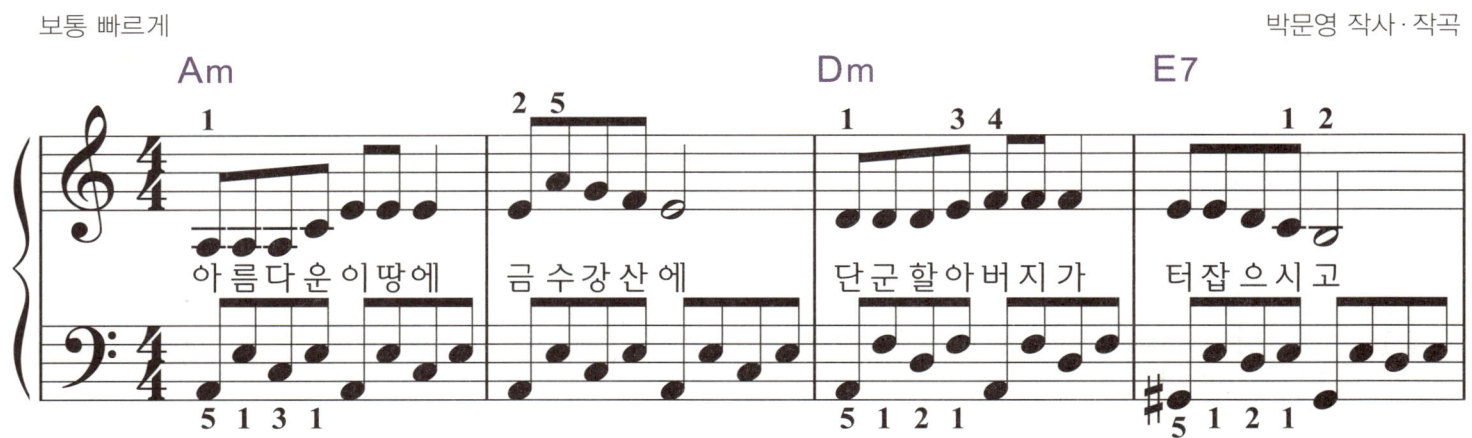

만주벌판달려라 광개토대왕 신라장군이사부

백 결선생떡방아 삼 천궁녀의자왕

황산벌의계백 맞서싸운관창 역사는흐른다

언제나 몇 번이라도

센과 치히로의 행방불명 중에서

보통 빠르게

J.히사이시 작곡

지금은 우리가 멀리 있을지라도

김광민 작곡

당신은 사랑받기 위해 태어난 사람

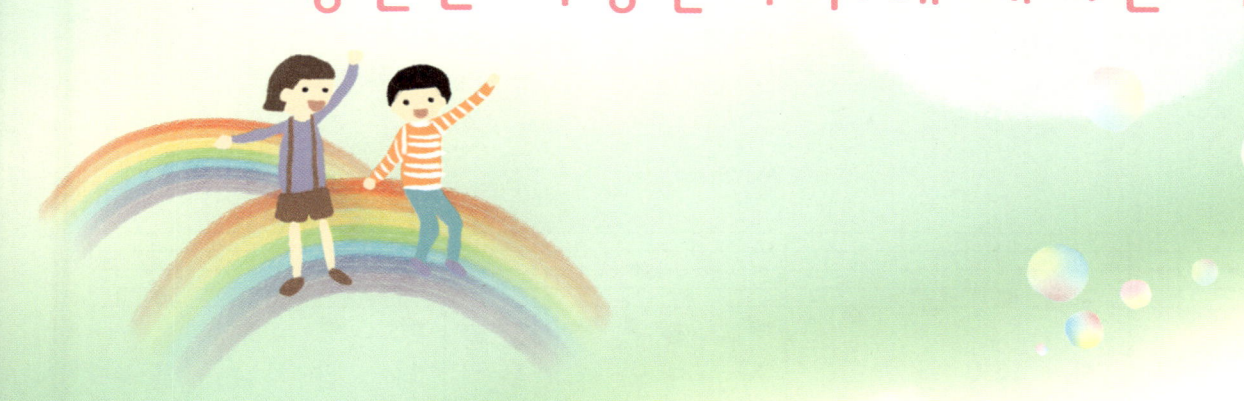

보통 빠르게

이민섭 작사 · 작곡

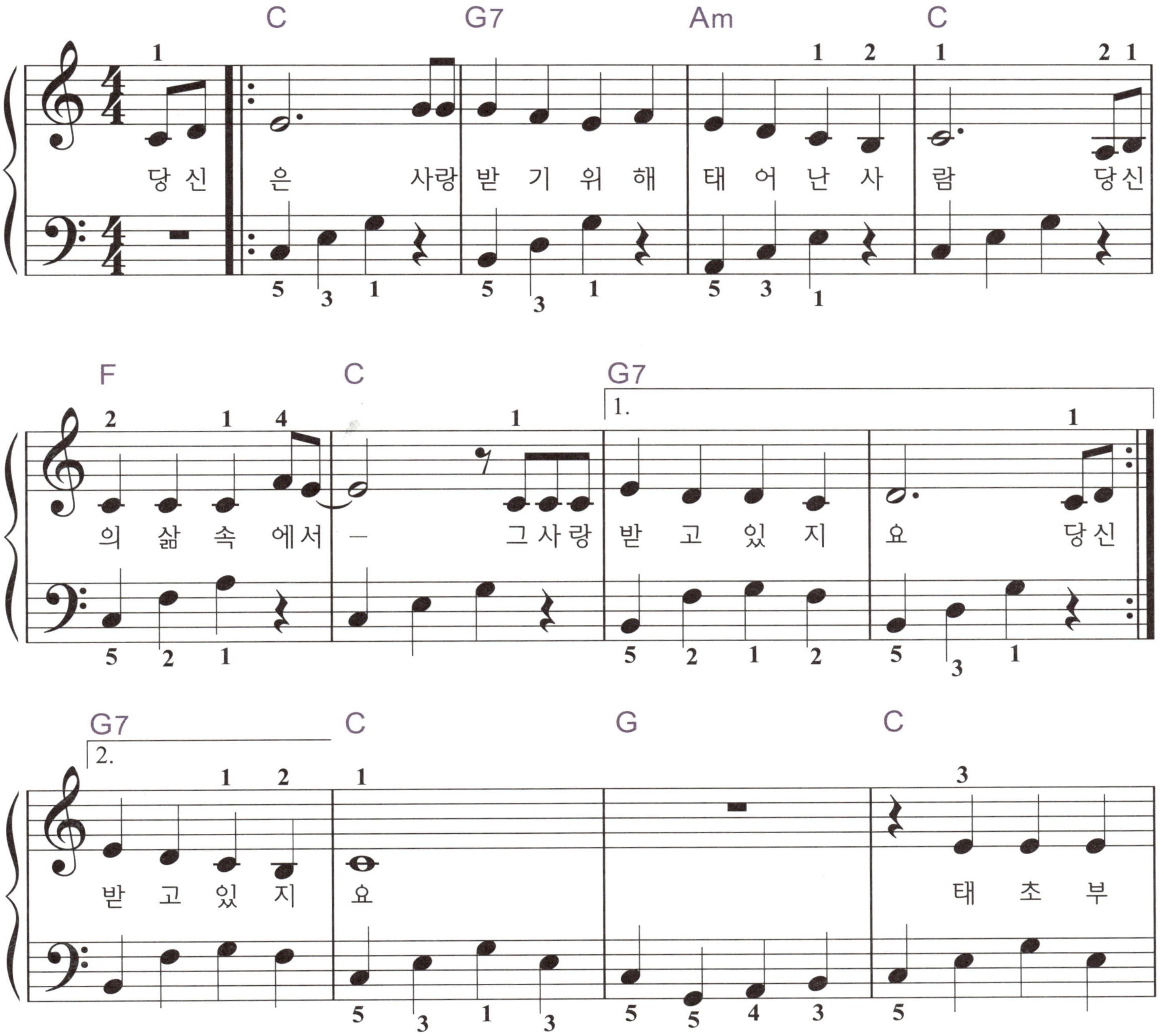
C G7 Am C
당신 은 사랑 받 기 위 해 태 어 난 사 람 당신
F C G7
1.
의 삶 속 에서 – 그 사 랑 받 고 있 지 요 당신
G7 C G C
2.
받 고 있 지 요 태 초 부

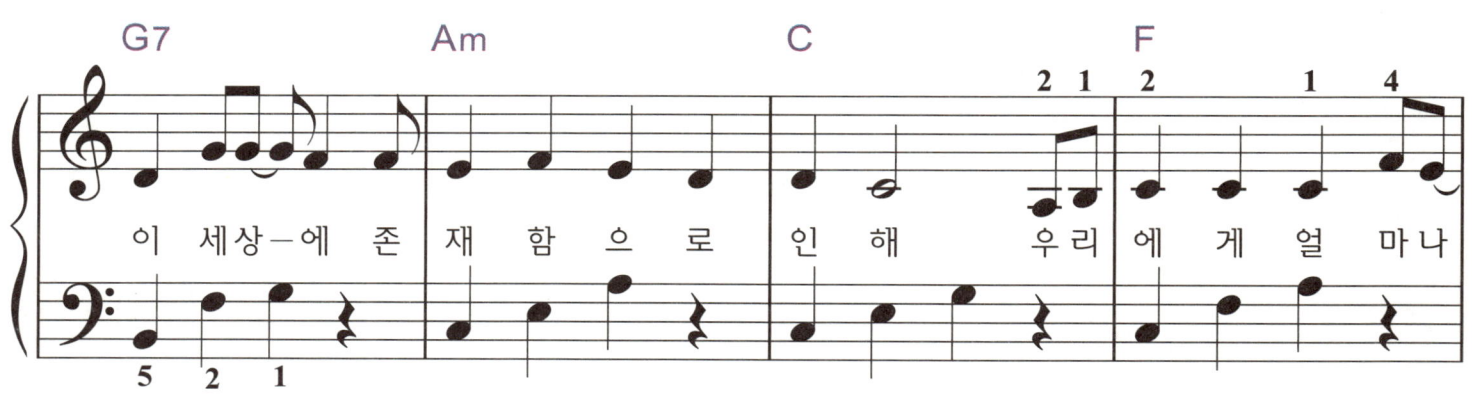

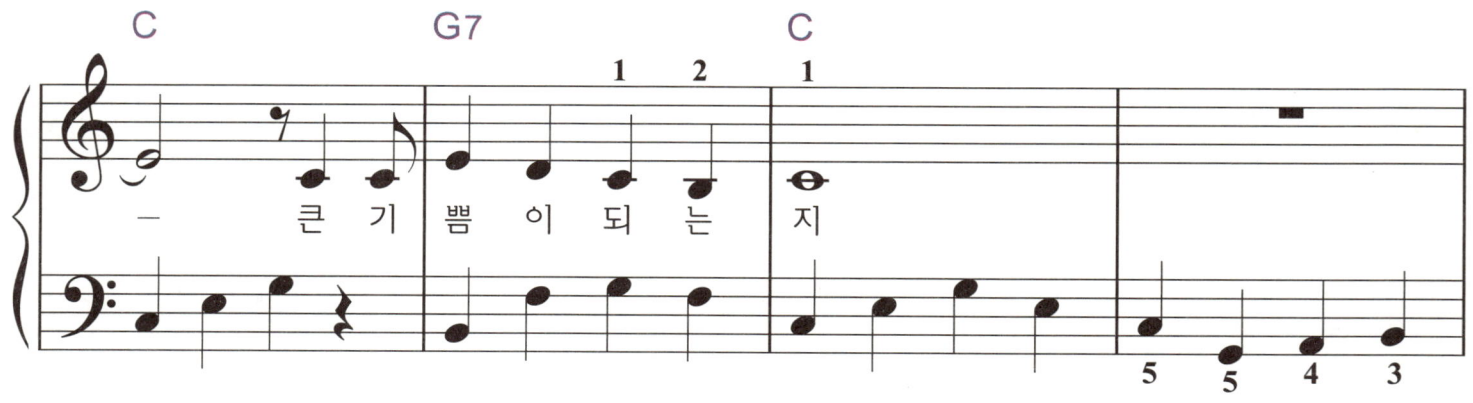

얼굴 찌푸리지 말아요

보통 빠르게

최창언 작사·작곡

가사:
얼굴 찌푸리지 말아 요 — 모두가 힘 들 잖아 요 — 기
쁨 의 그날위해 함께 한 — 친구 들 이 있잖아요 —
혼자라고느 껴 질 때 면 — 주위를 둘 러 보세 요 — 이
렇 게 많은이들 모 두 가 — 나의 친 구 랍니 다 —

Fine

68

D.C. al Fine

우유송

김주희 작사
조형섭 작곡

조금 빠르게

콜라싫어싫 어 홍차싫어싫 어 새 까만커피 오 노 —

핫초코싫어싫 어 사이다싫어싫 어 새 하얀우유 오우 예 —

맛 좋고색깔 좋고 영 양도 최고 깔 끔한 내 입맛엔 우유가딱 이 야

이웃집 토토로

이웃집 토토로 중에서

J.히사이시 작곡

보통 빠르게

F   **C**   **Dm**   **Am**

누 군 가 가 —   우 리 몰 래 —

B♭   **C**

오 솔 길 의   나 무 열 매   심 어 서

F   **C**   **Dm**   **Am**

작 은 새 싹 —   태 어 나 면 —

B♭m   F   Gm   C

울 창 한   숲 속 에—   먼   옛 날 부 터 살 고 있 는 —   나 의 친 구

F   C   A7   Dm

토 토 로 토 토 —로   토 토 로 토 토 —로

B♭   C   Am   Dm   B♭

우 리   끼 리 만 볼   수   있 는   숲   속 에 사 는 나 의 친 구

C7   F

—   매 일 만 나 고 싶   어   —

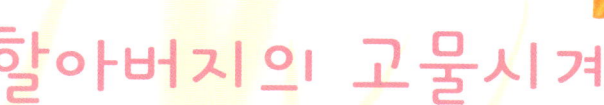

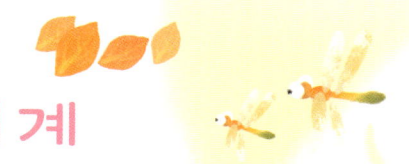

할아버지의 고물시계

작사 미상
H.C 워크 작곡

보통 빠르게

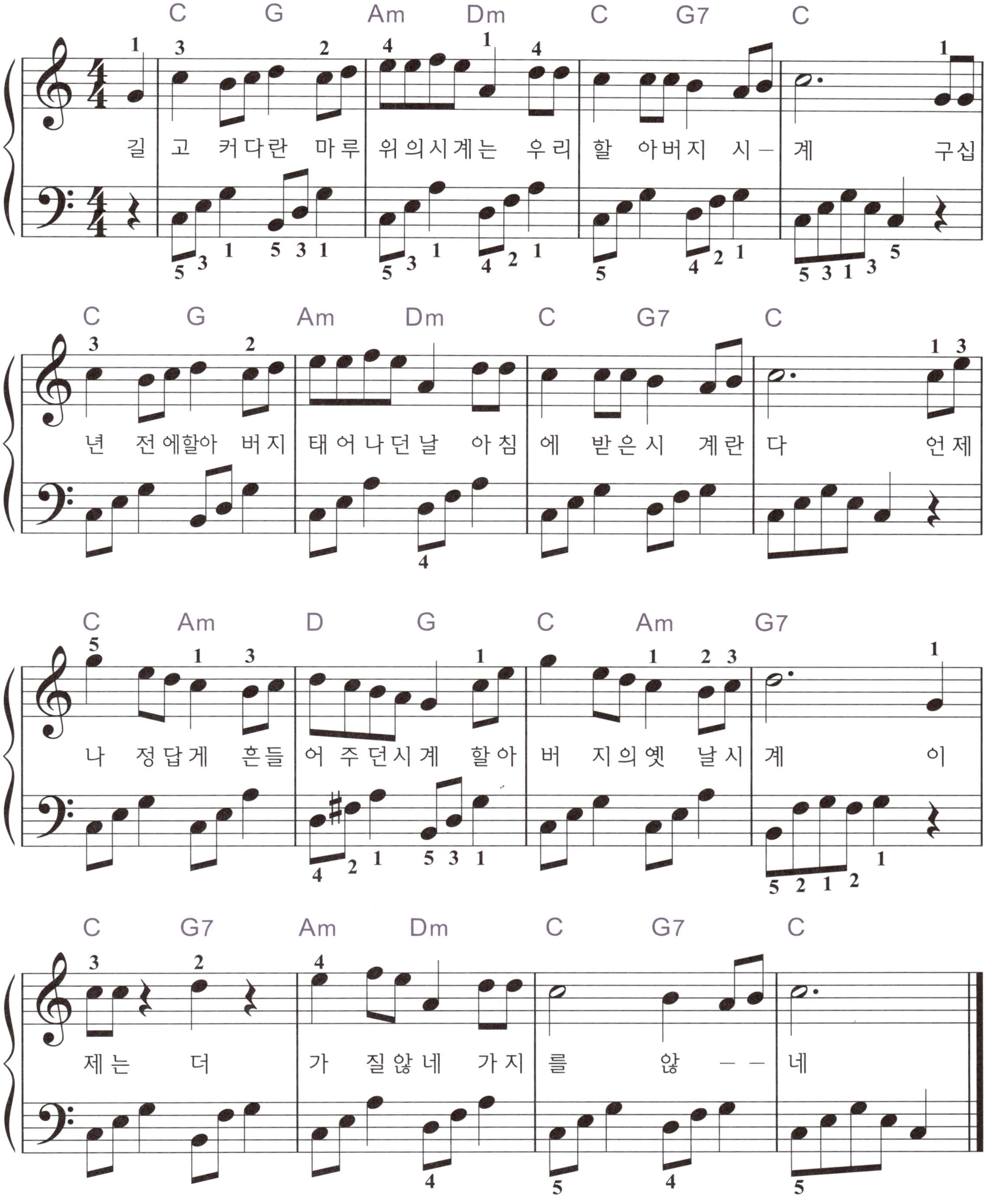
C G Am Dm C G7 C
길 고 커다란 마루 위의시계는 우리 할 아버지 시— 계 구십
C G Am Dm C G7 C
년 전에할아 버지 태어나던날 아침 에 받은시 계란 다 언제
C Am D G C Am G7
나 정답게 흔들 어 주던시계 할아 버 지의옛 날시 계 이
C G7 Am Dm C G7 C
제는 더 가 질않네 가지 를 않 —— 네

아빠 힘 내세요

권연순 작사
한수성 작곡

조금 빠르게

C   F   C   D   G

딩 동 댕 초 인 종 소 리 에 얼른 문을 열었더 니 － 그토록

Dm   G7   C   F   D   G

기 다 리 던 아 빠 가 문 앞 에 － 서 계 셨 죠

C   F   C   D   G

너 무 나 반 가 워 웃 으 며 아 빠 하고 불렀는 데 － 어쩐지

Dm   C   F   D   G   C

오 늘 아 빠 의 얼 굴 이 우 울 해 － 보이네 요

76

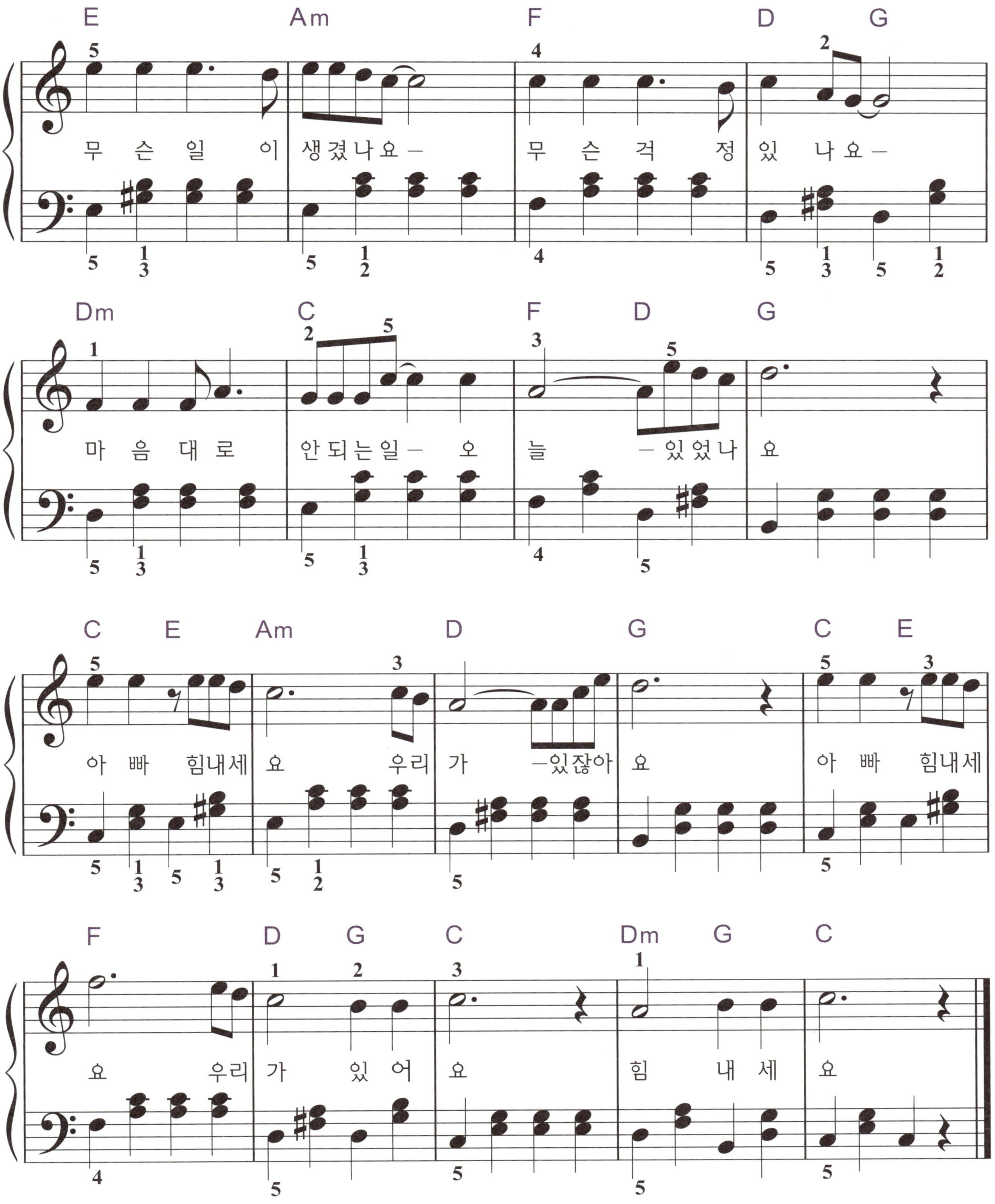

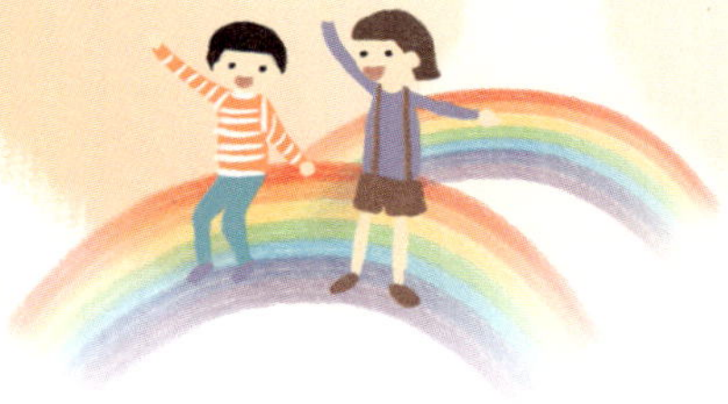

E   Am   F   D   G

무슨일 이 생겼나요—   무 슨 걱 정 있 나요—

Dm   C   F   D   G

마 음 대 로   안되는일— 오 늘   —있었나 요

C   E   Am   D   G   C   E

아 빠 힘내세 요   우리 가   —있잖아 요   아 빠 힘내세

F   D   G   C   Dm G   C

요   우리 가 있 어 요   힘 내 세 요

마법의 성

보통 빠르기로

김광진 작사·작곡

G C G C G Dm7 G

믿을 수 있나요 나의 꿈 속에서 너는 마법에빠진공주란 걸   언제

C D Bm Em C Am D7

나 너를 향 한 몸짓엔 수많은 어려움 뿐이지 만   그러

G C G C G Dm7 G

나 언제나 굳은 다짐뿐이죠 다시 너를구하고말거라 고   두손

C D Bm Em Am D G

을 모아 기 도 했 죠 끝없는 용기와 지헬달라 고   마법

78

F7   G   Bm   Em   Am   D

의성을 지나-늪을건 너   어둠 의동 굴속멀리그대 가 보 여 이제

F7   G   Bm   Em   Am   D

나의손을잡아보아 요   우리 의몸이떠오르는것 을 느끼죠자유롭

C   Bm   Am7   D7   G

게 저하늘 을 날 아 가 도 놀라지말아 요   우리앞

C   Bm7   Em   Am7   D   G

에 펼쳐질 세 상 이 너무나 소중해 함께있다 면

아름다운 세상

박학기 작사 · 작곡

보통 빠르게

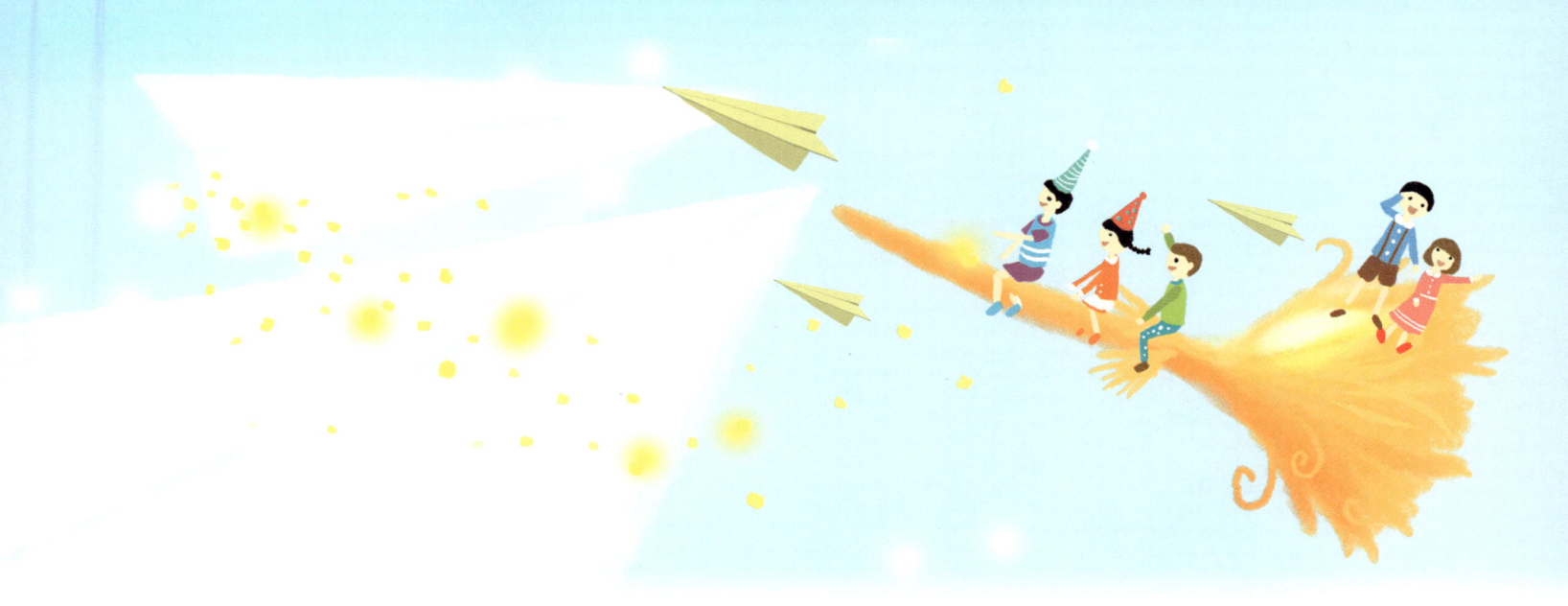

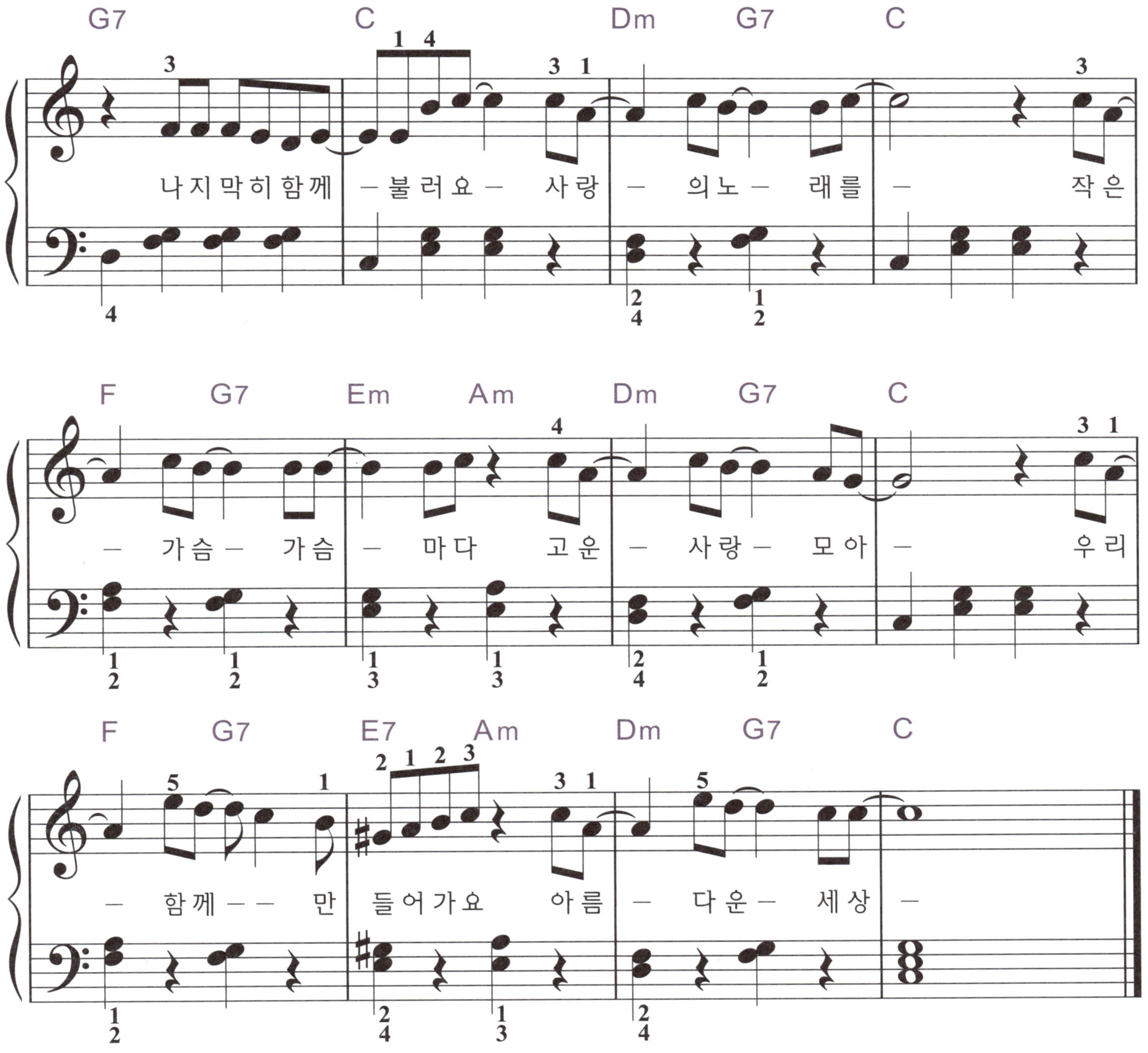
G7 C Dm G7 C
나지막히함께 — 불러요 — 사랑 — 의노 — 래를 — 작은
F G7 Em Am Dm G7 C
— 가슴 — 가슴 — 마다 고운 — 사랑 — 모아 — 우리
F G7 E7 Am Dm G7 C
— 함께 — — 만 들어가요 아름 — 다운 — 세상 —

크리스마스에는 축복을

보통 빠르게

김현철 작사·작곡

크리스마스 에 는 축 복 을   크리스마스 에 는 사 랑 을

당신과 만나는 그 날 을   기 억할 께 요   헤 어 져

있을때나 — 함께 있을때도 — 나에겐 아 무 상관없 어 — 요   아 직 도

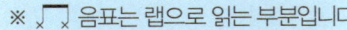

빠빠빠빠

김유민 작사
김유민·이다경 작곡
크레용팝 노래

※ ♫ 음표는 랩으로 읽는 부분입니다.

빠르게

다 같이 원 빠 빠 빠 빠 빠 빠 빠 빠— 날따라 투 빠 빠 빠 빠 빠 빠 빠 빠— 소리쳐

호 호 뛰어봐 쿵 쿵 날따라 해 해 엄마도 파 파도 같 이

Go 빠 빠 빠 빠 빠 빠 빠 빠— 신 나게 Go 빠 빠 빠 빠 빠 빠 빠 빠— 소리쳐

호 호 뛰어봐 쿵 쿵 날따라 해 해

Dm　C　B♭　A　　　　B♭　　B　C

팝　팝　크 레 용 팝　Get—　Set—　Ready　— Go

%　Dm　B♭　　A　Gm　　Dm　B♭　A　Gm

점핑 예 점핑 예　Eve—ry bo—dy　점핑 예 점핑 다　같 이 뛰어뛰어

Dm　B♭　A　Gm　　Dm　C　B♭　A

점핑 예 점핑 예　Eve—ry bo—dy　I don`t want to　stick at home—now

Dm　C　B♭　A　　A　B♭　B　C

I don`t want to　stick at home—now　　　　　　　　걱정은

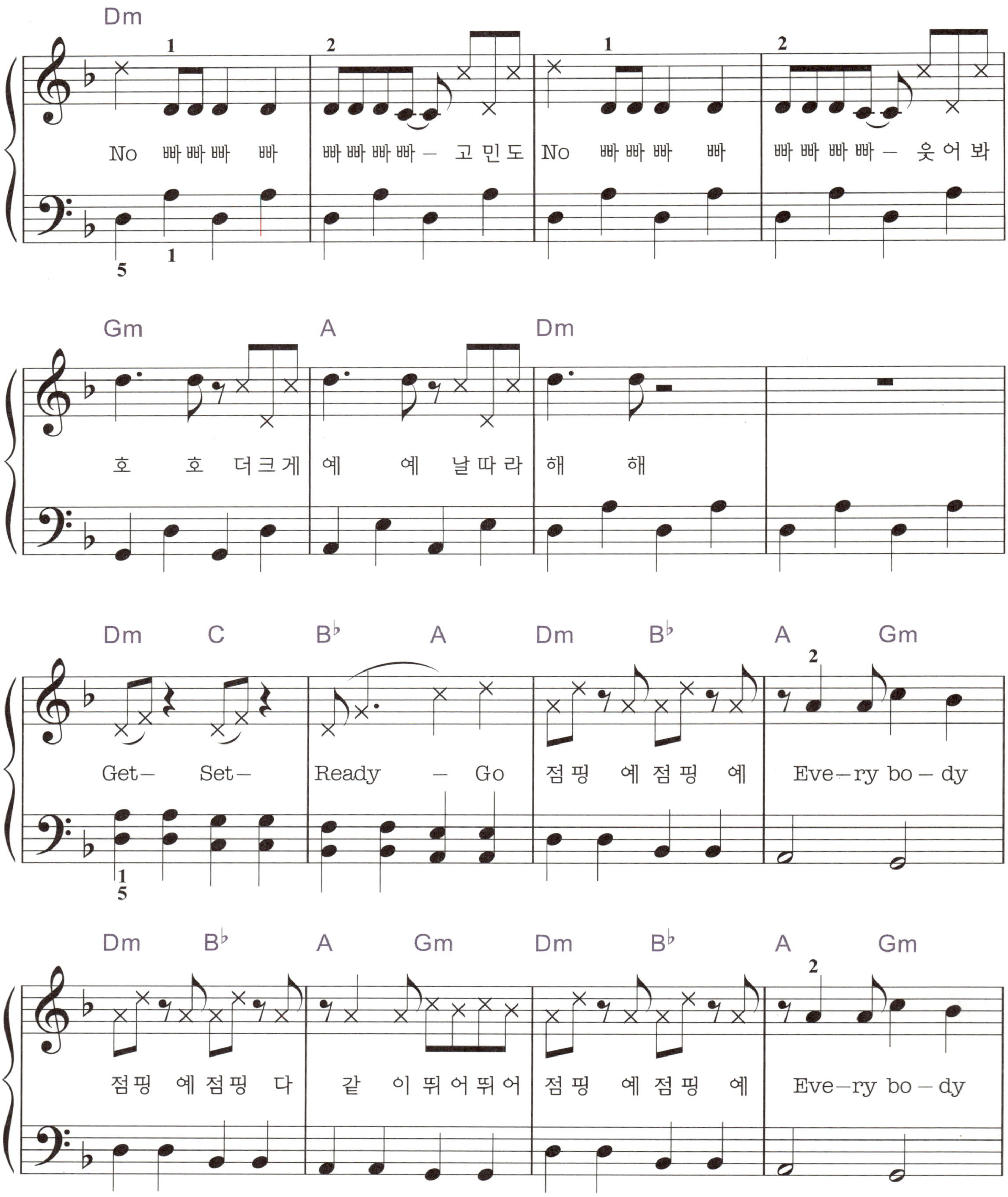

Dm

No 빠 빠 빠 빠 ｜ 빠 빠 빠 빠 — 고 민 도 ｜ No 빠 빠 빠 빠 ｜ 빠 빠 빠 빠 — 웃 어 봐

Gm   A   Dm

호 호 더 크 게 ｜ 예 예 날 따 라 해 해

Dm   C   B♭   A   Dm   B♭   A   Gm

Get— Set— ｜ Ready — Go ｜ 점 핑 예 점 핑 예 ｜ Eve—ry bo—dy

Dm   B♭   A   Gm   Dm   B♭   A   Gm

점 핑 예 점 핑 다 ｜ 같 이 뛰 어 뛰 어 ｜ 점 핑 예 점 핑 예 ｜ Eve—ry bo—dy

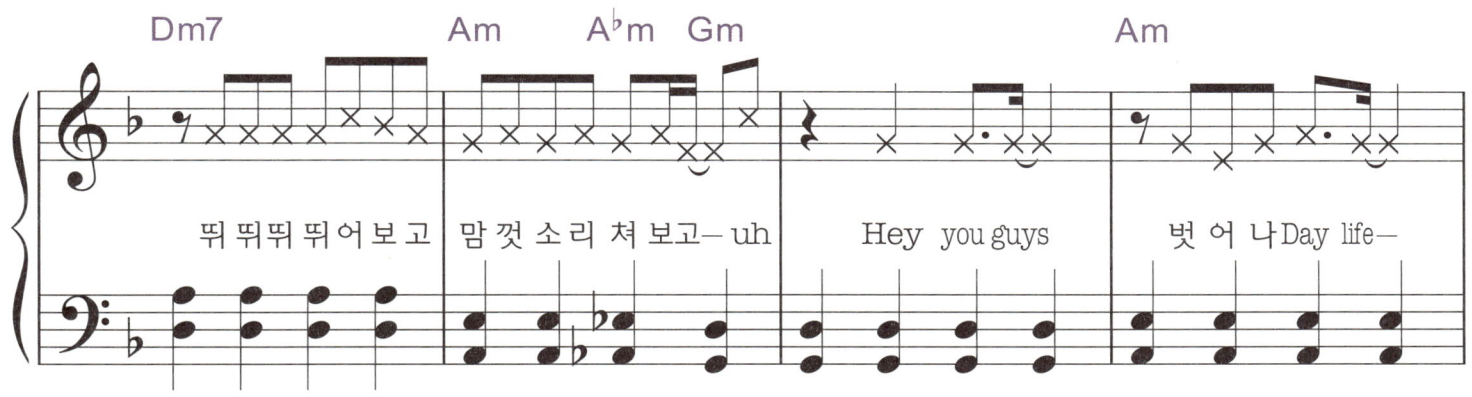

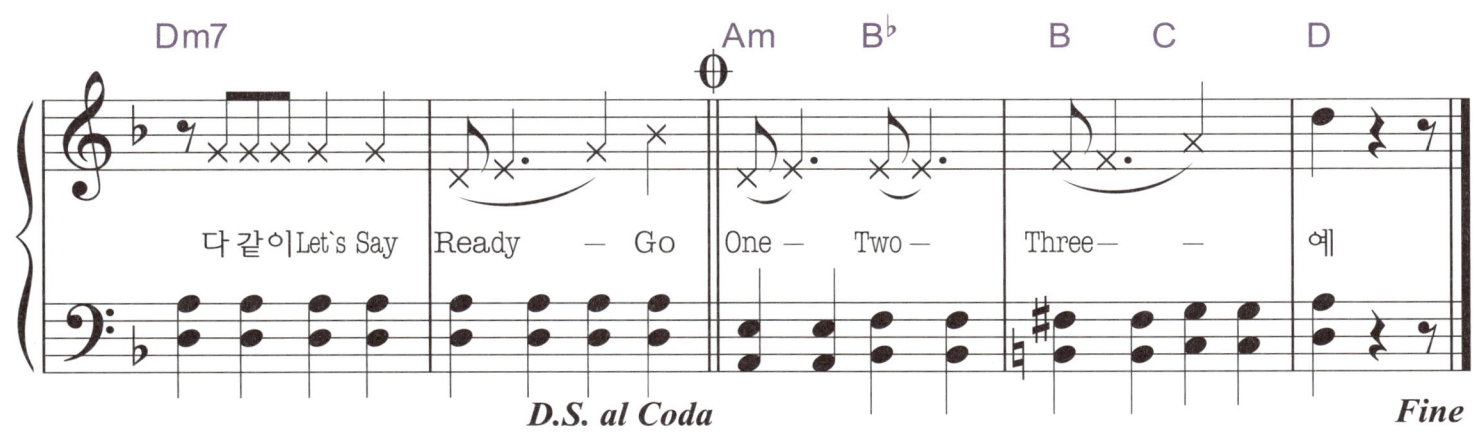

예뻐 예뻐

슈퍼창따이 작사 · 작곡
레이디스코드 노래

조금 빠르게

렛 겟 잇 펑 키 나 우 — 예 — 예 예 — 예 —

그래 바로 내가 리 세 다 른 애 들 보 다 좀 더 핫 해 평범하지 않아

기 쎄 보 인 다 고 함 부 로 말 못 해 얼 굴 은 섹 시 하 니 — 성 격 도

쿨 하 잖 니 — 말 시 켜 놓 고 발 음 이 상 하 다 놀 려 대 지 마 언 니 보 다 이 쁜

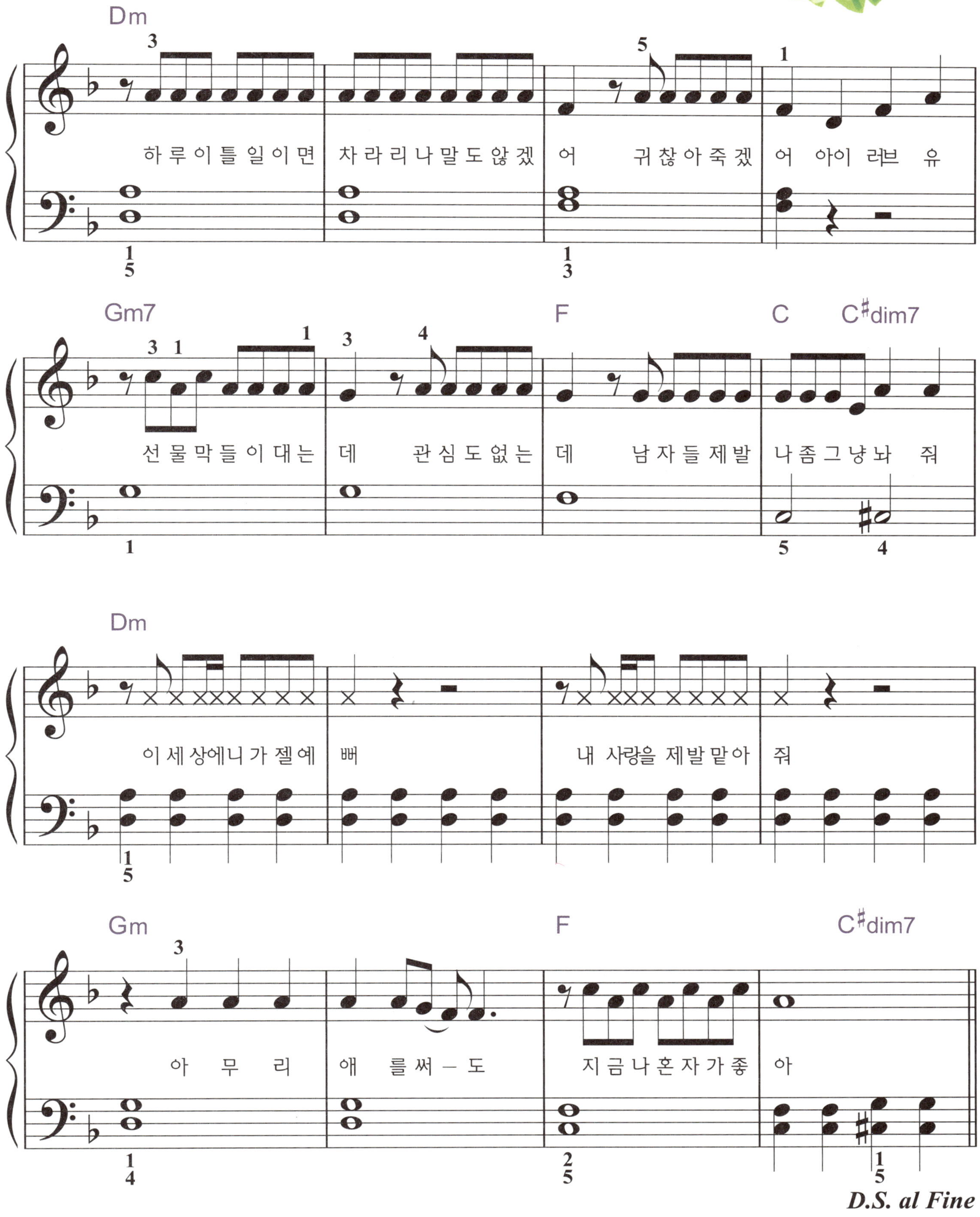

하루 이틀 일 이면   차 라 리 나 말 도 않 겠   어   귀 찮 아 죽 겠   어   아 이 러 브 유

선 물 막 들 이 대 는   데   관 심 도 없 는   데   남 자 들 제 발   나 좀 그 냥 놔   줘

이 세 상 에 니 가 젤 예   뻐   내 사 랑 을 제 발 맡 아   줘

아 무 리   애 를 써 — 도   지 금 나 혼 자 가 좋   아

D.S. al Fine

91

Tohch Love

주군의 태양 OST

오준성·은종태 작사
오준성 작곡
윤미래 노래

보통 빠르게

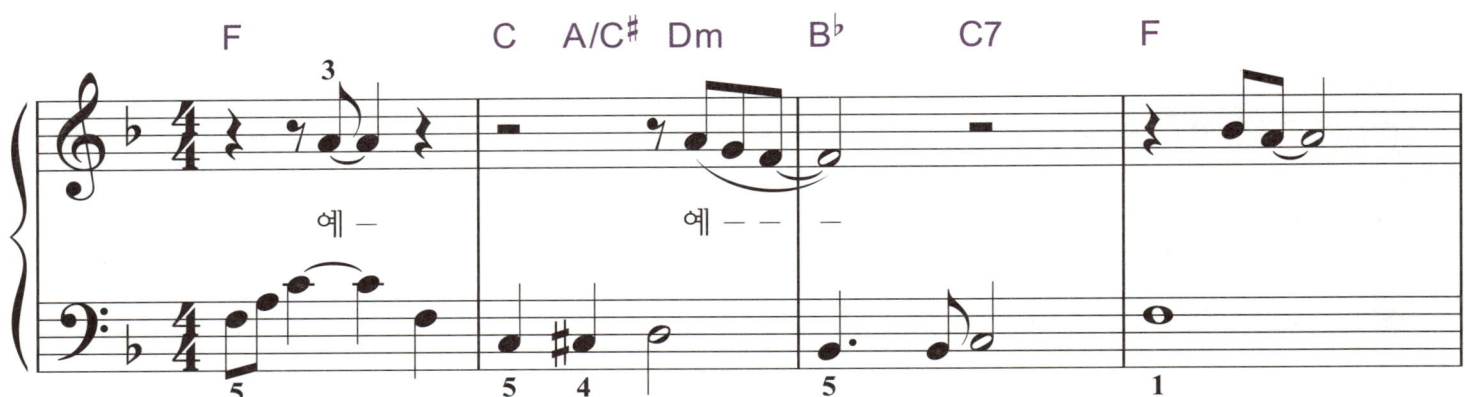

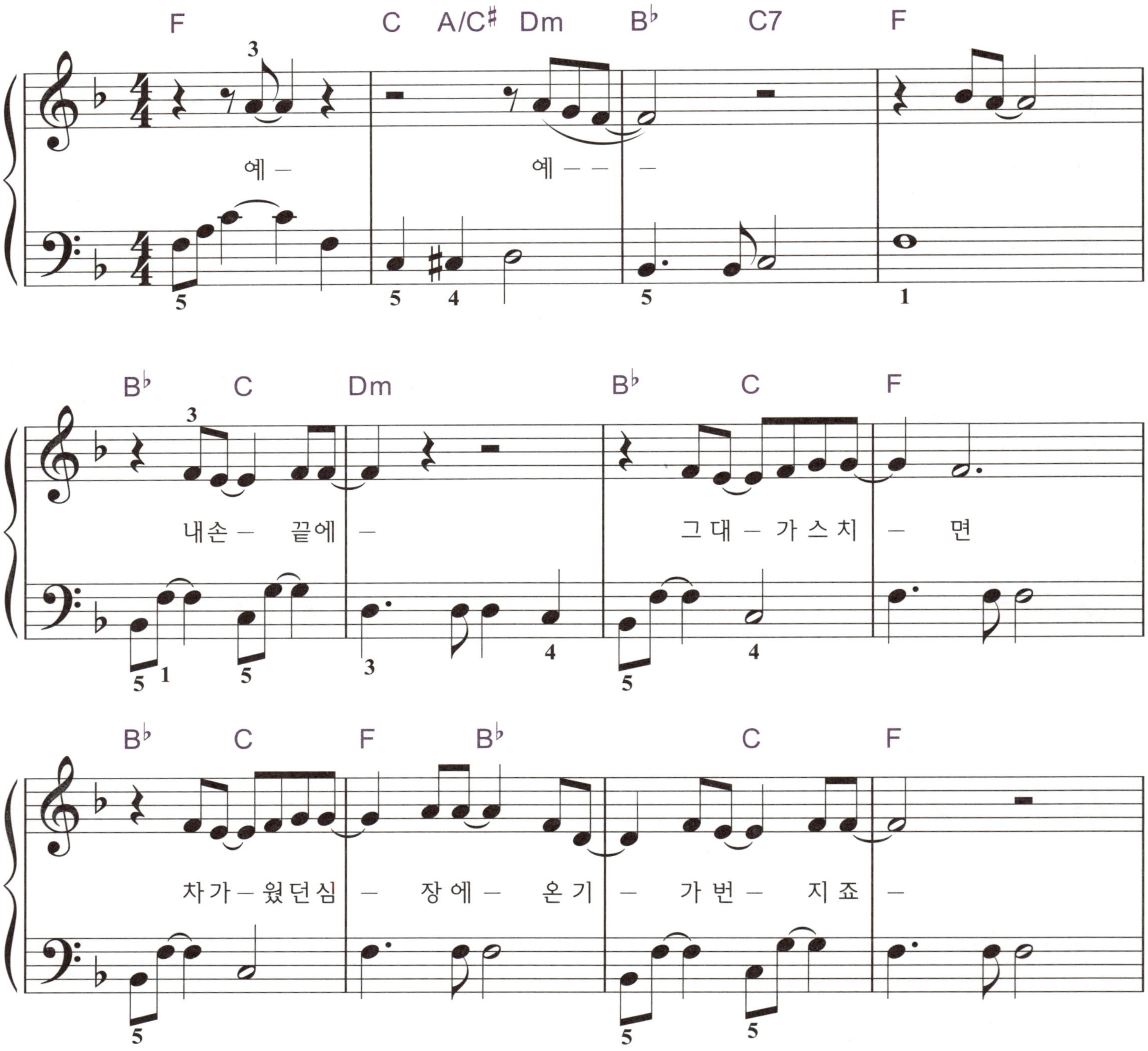

예 —   예 — — —

내손 — 끝에 —   그대 — 가스치 — 면

차가 — 웠던심 — 장에 — 온기 — 가번 — 지죠 —

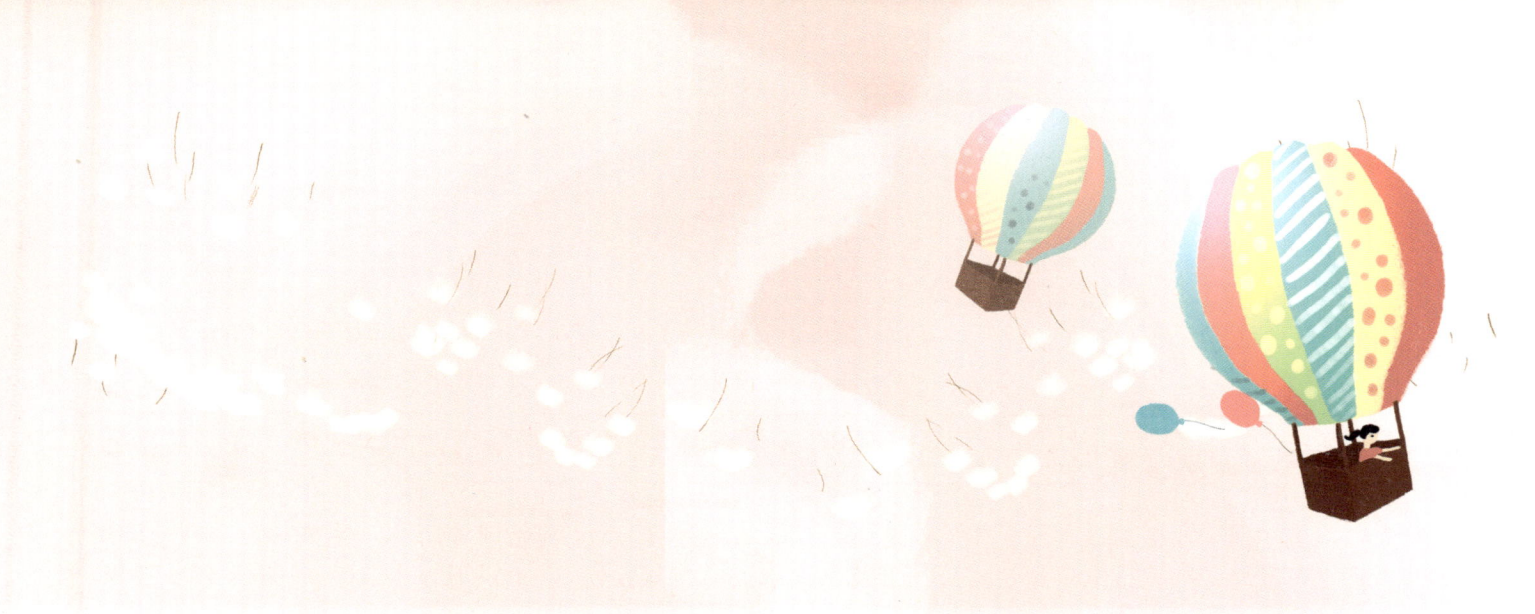

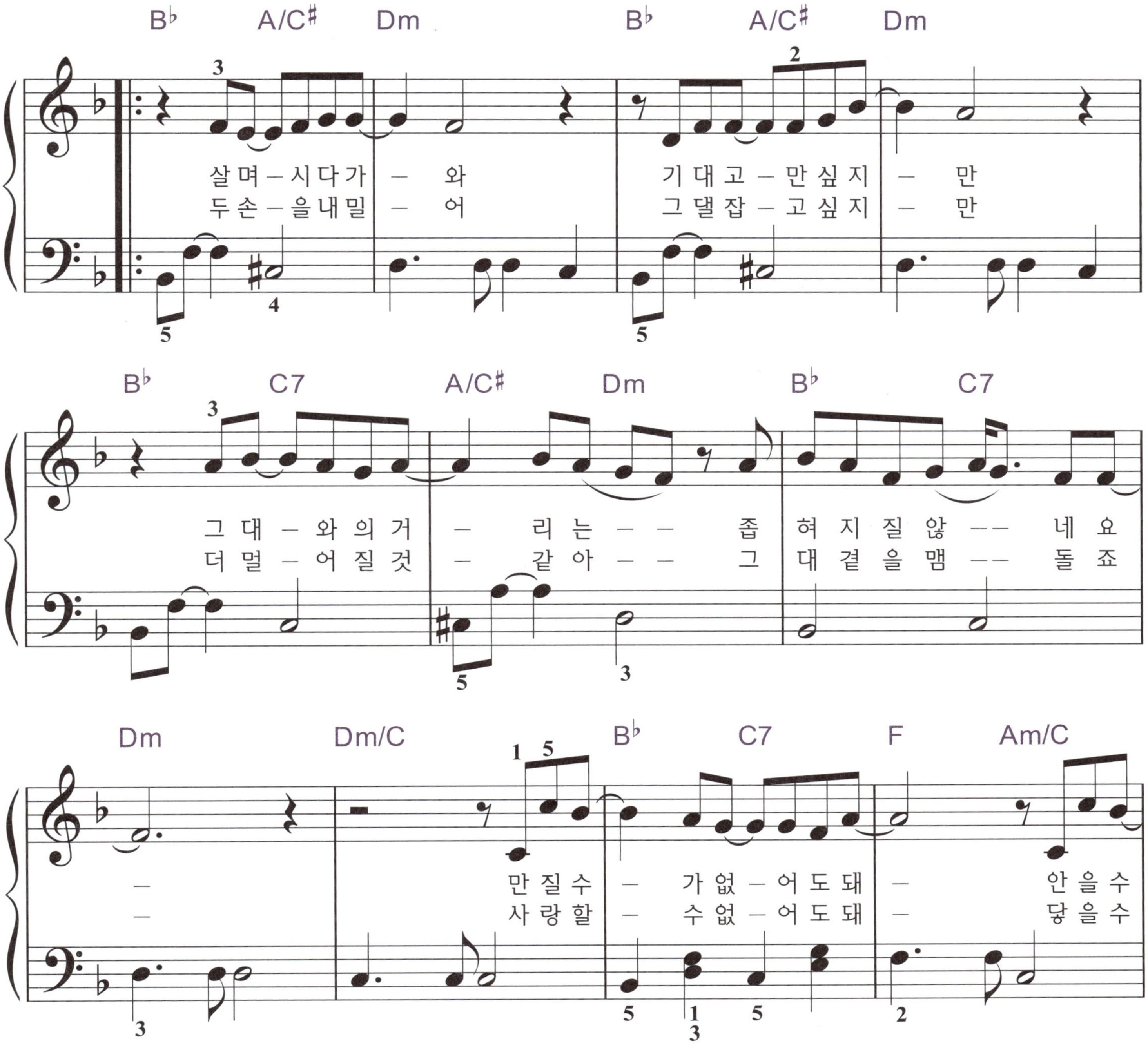

B♭ A/C♯ Dm B♭ A/C♯ Dm
살 며 – 시 다 가 – 와 기 대 고 – 만 싶 지 – 만
두 손 – 을 내 밀 – 어 그 댈 잡 – 고 싶 지 – 만
B♭ C7 A/C♯ Dm B♭ C7
그 대 – 와 의 거 – 리 는 – – 좁 혀 지 질 않 – – 네 요
더 멀 – 어 질 것 – 같 아 – – 그 대 곁 을 맴 – – 돌 죠
Dm Dm/C B♭ C7 F Am/C
– 만 질 수 – 가 없 – 어 도 돼 – 안 을 수
– 사 랑 할 – 수 없 – 어 도 돼 – 닿 을 수

B♭　　　　　　C7　　　　　　　A7/C♯　　　Dm　　　　　　B♭　　　　　　C

2.

Yes I Love You 내 운 　명 처 럼 　그 댈 　느 낄 수 있 어 요

Dm　　　　　　Am　　　　　　B♭　　　　　C7　　　　　　F　　　　　　Am

랄 랄 라 　랄 라 랄 라 　랄 랄 라

B♭　　　　　C7　　　　　F　　　　　　Am　　　　B♭　　　　C7

랄 라 랄 라 　랄 랄 라 　랄 라 랄 라

A7/C♯　　Dm　　　　　　B♭　　　　　C7　　　　　F

랄 라 내 맘 　닿 을 수 있 어 요

95

분홍신

김이나 작사
이민수 작곡
아이유 노래

조금 빠르게

| Dm7 | E7 | Am7 | Dm7 | Gm7 | B♭ | C7 |

길을 잃었다 —

어딜 가야 할 까

| F | Bm7 | Em7 | A7 | Dm7 | A♭M7 |

열두개 — 로갈 린

조각 난 — 골목 길

어딜 가면 너를 다시

만 날 — 까 —

| Am | Bdim7 | E7 | Am |

운 명 으로 친다 면 —
좋 은 구 둘 신 으 면 —

내 운 명을 고 르자 면 —
더 좋 은 데 로 간다 며 —

96

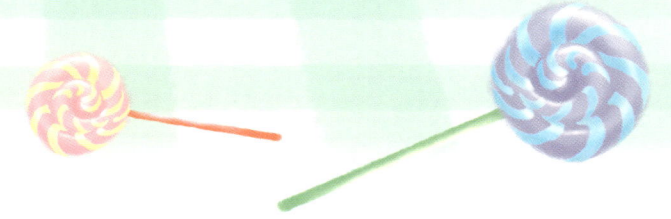

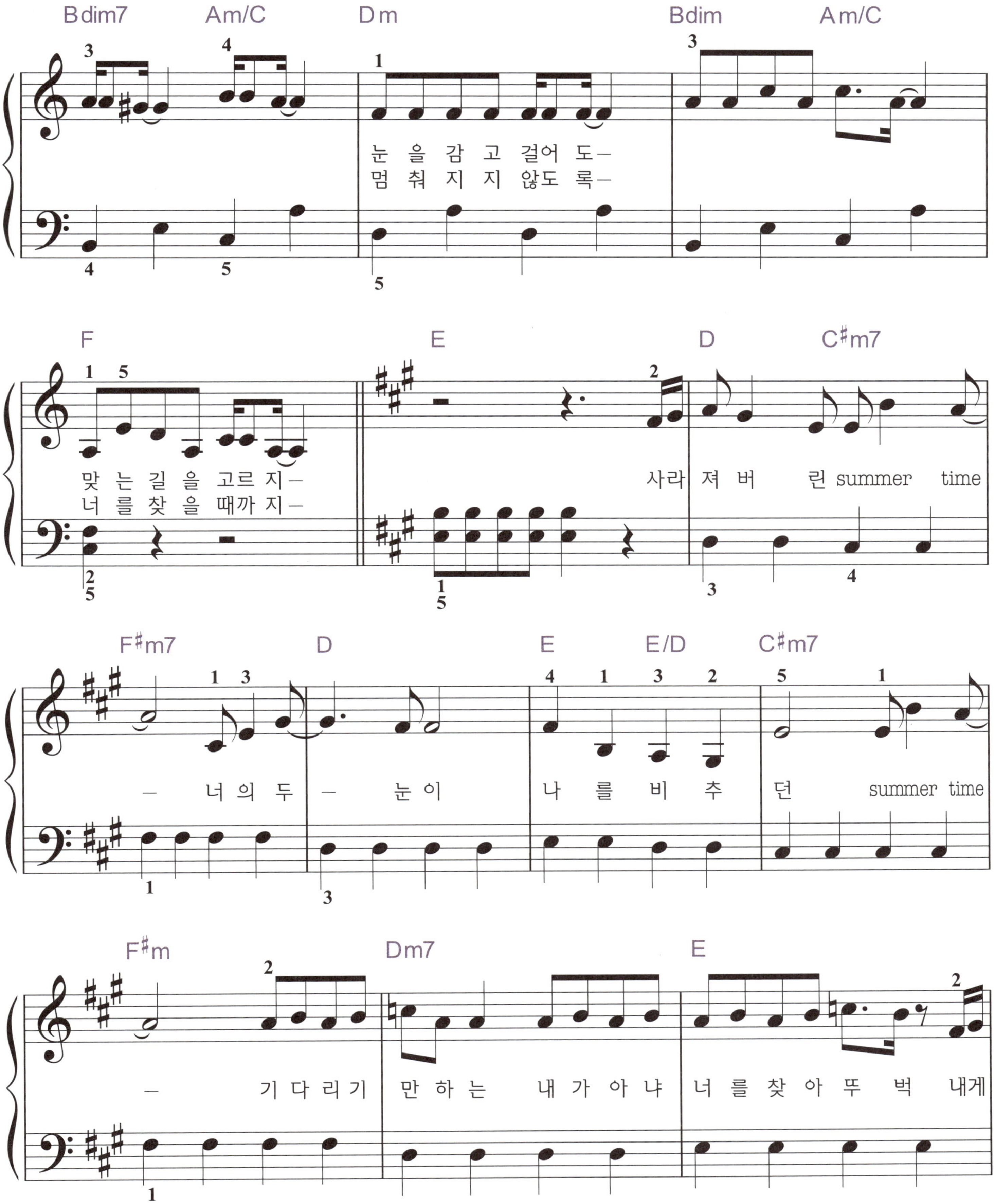
Bdim7 Am/C Dm Bdim Am/C
눈 을 감 고 걸어 도
멈 춰 지 지 않도 록
F E D C♯m7
맞 는 길 을 고르 지
너 를 찾 을 때까 지
사라 져 버 린 summer time
F♯m7 D E E/D C♯m7
너 의 두 눈 이 나 를 비 추 던 summer time
F♯m Dm7 E
기 다 리 기 만 하 는 내 가 아 냐 너 를 찾 아 뚜 벅 내게

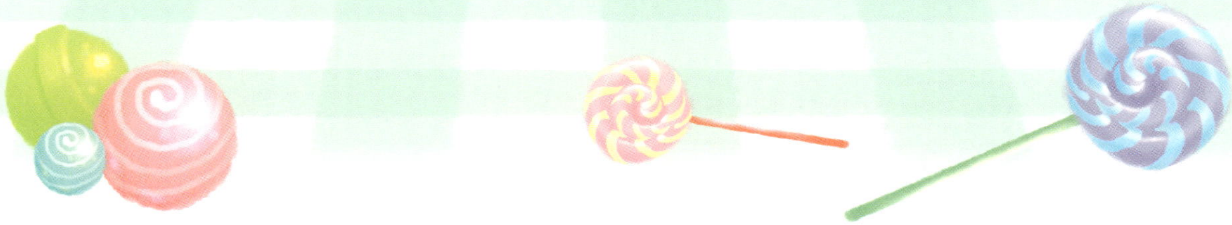

D   C#m7   F#m7   D

돌 아   올 summer time ―   찬 바 람 ―   불 면   그냥

E   E/D   C#m7   F#m

두 눈 감 기 로 해   what's the   time? ―   summer time

F   E♭   F   Em   Dm   G

―   ―   움 파 룸파둠 두 비 두바둠   슬 프 지않아 춤 을―춘

A

다   다 시   다 시

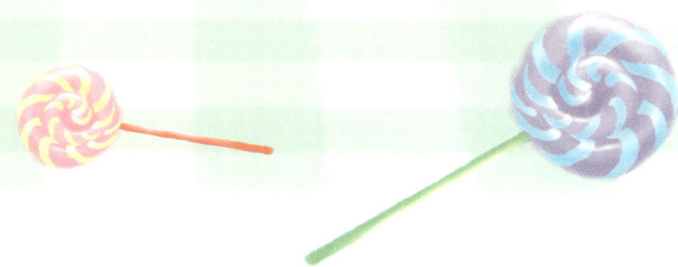

E   Dm7   G7   Dm7   G7

길을찾아떠 난—

Dm7   G7   B♭   C7

갈 색 머 리 아 가 씬 —   다 시

F   Bm7   Em   A7   Dm7

사 랑 에— 빠 졌 고   행 복 했— 더 라   는   처 음 부— 터 다 시 쓰— 는

A♭M7   A   B♭   A

이 야— 기 —

D.S. al Coda

In Memorise

주군의 태양 OST

오준성 작곡

조금 느리게

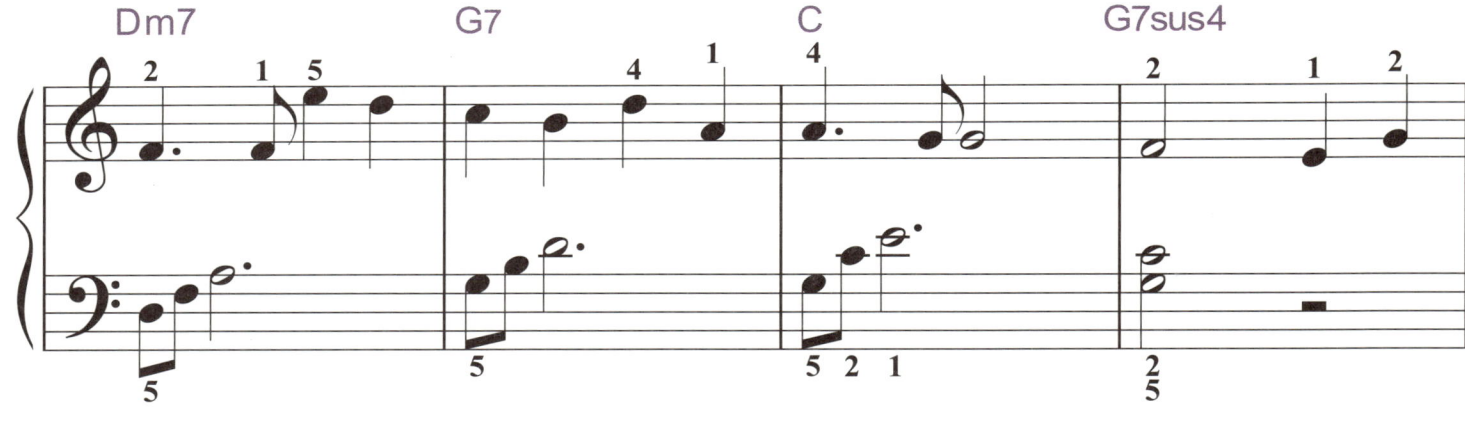

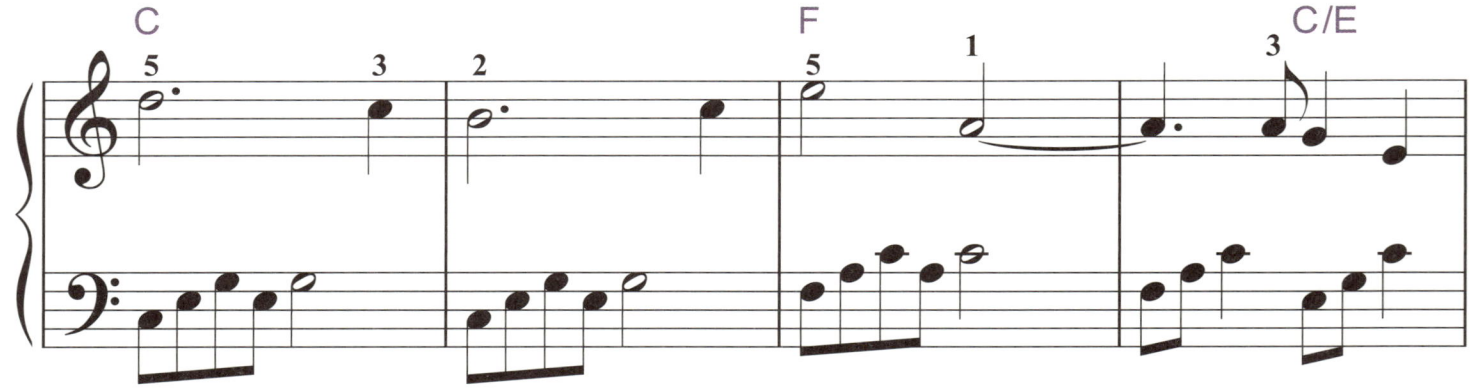

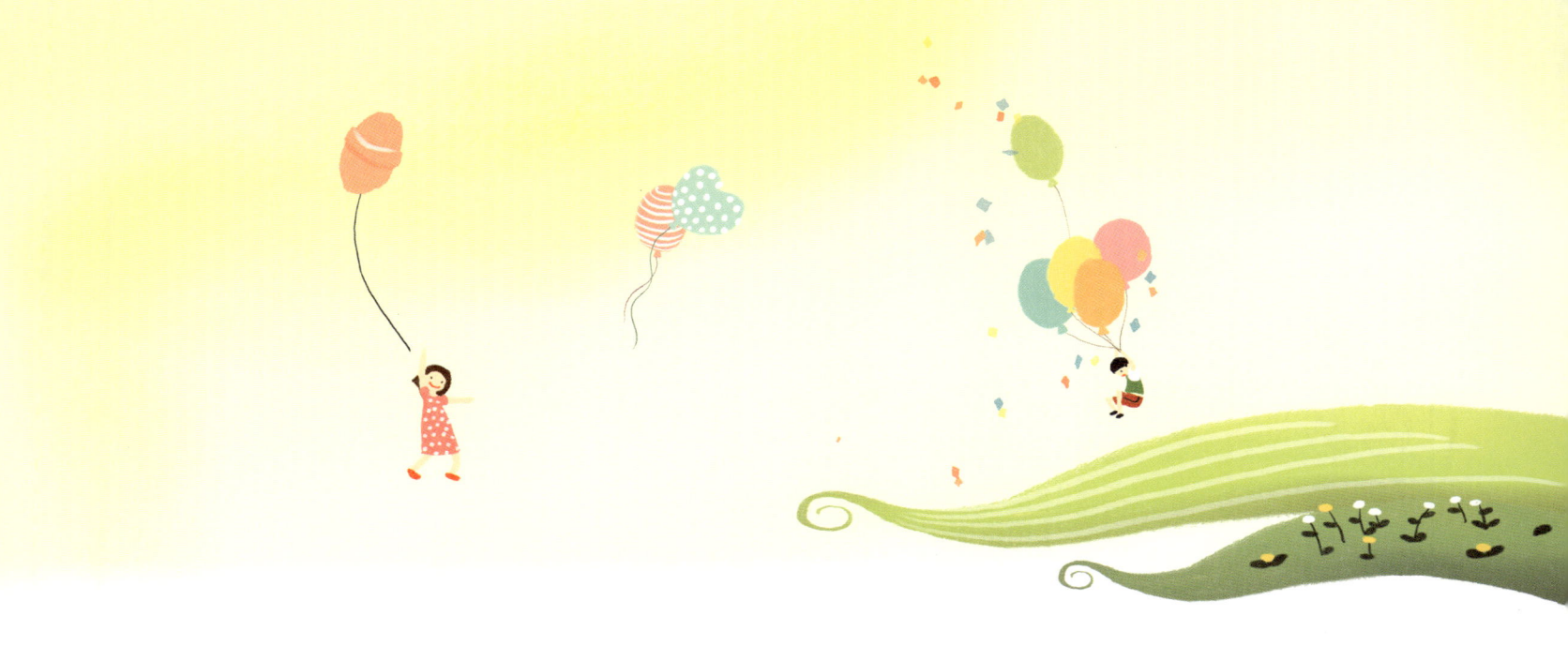

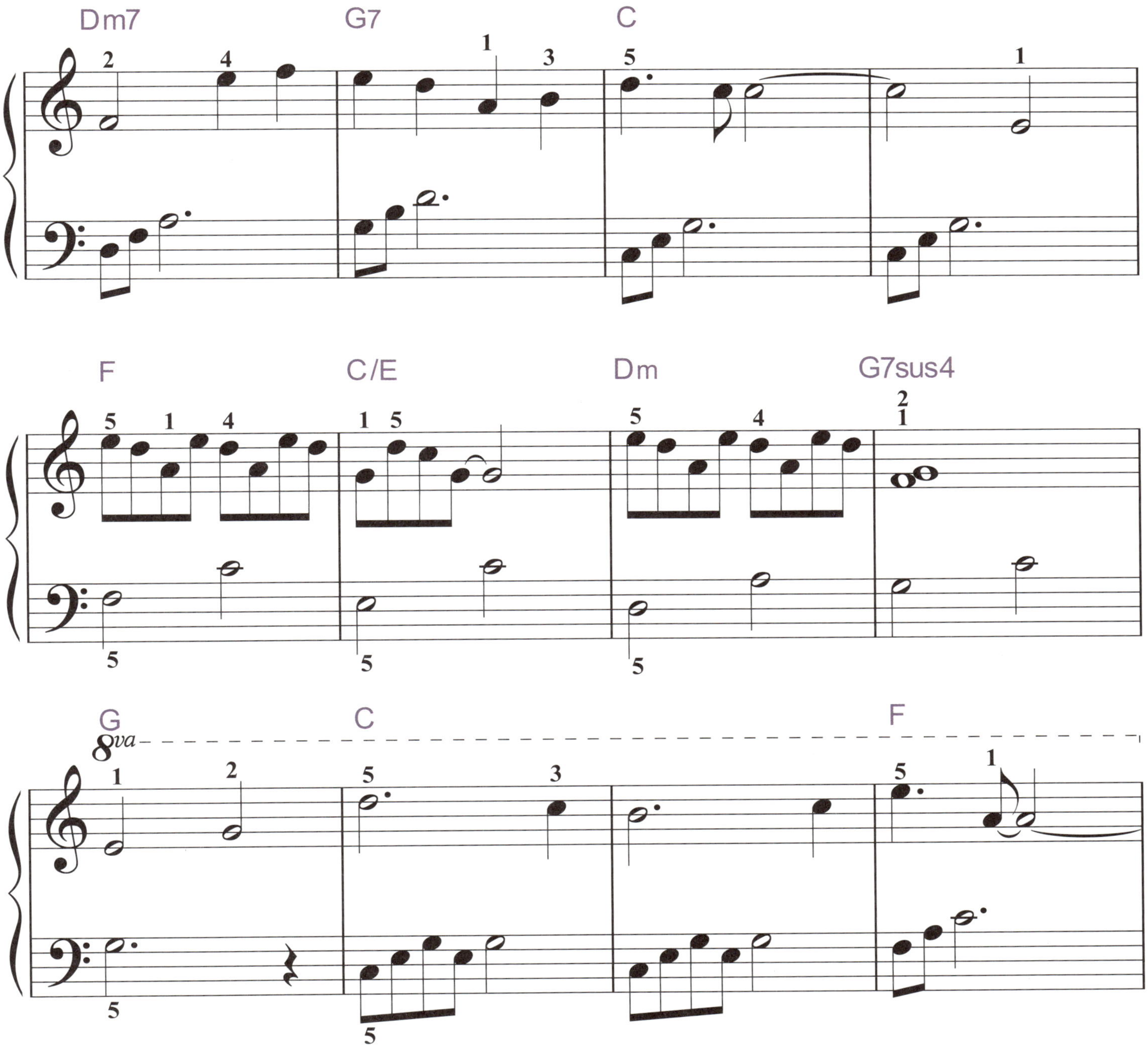
Dm7
G7
C
F
C/E
Dm
G7sus4
G
C
F
8va

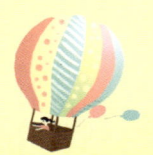

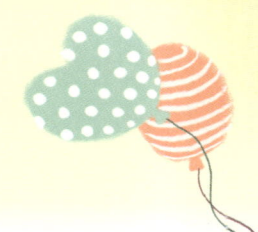

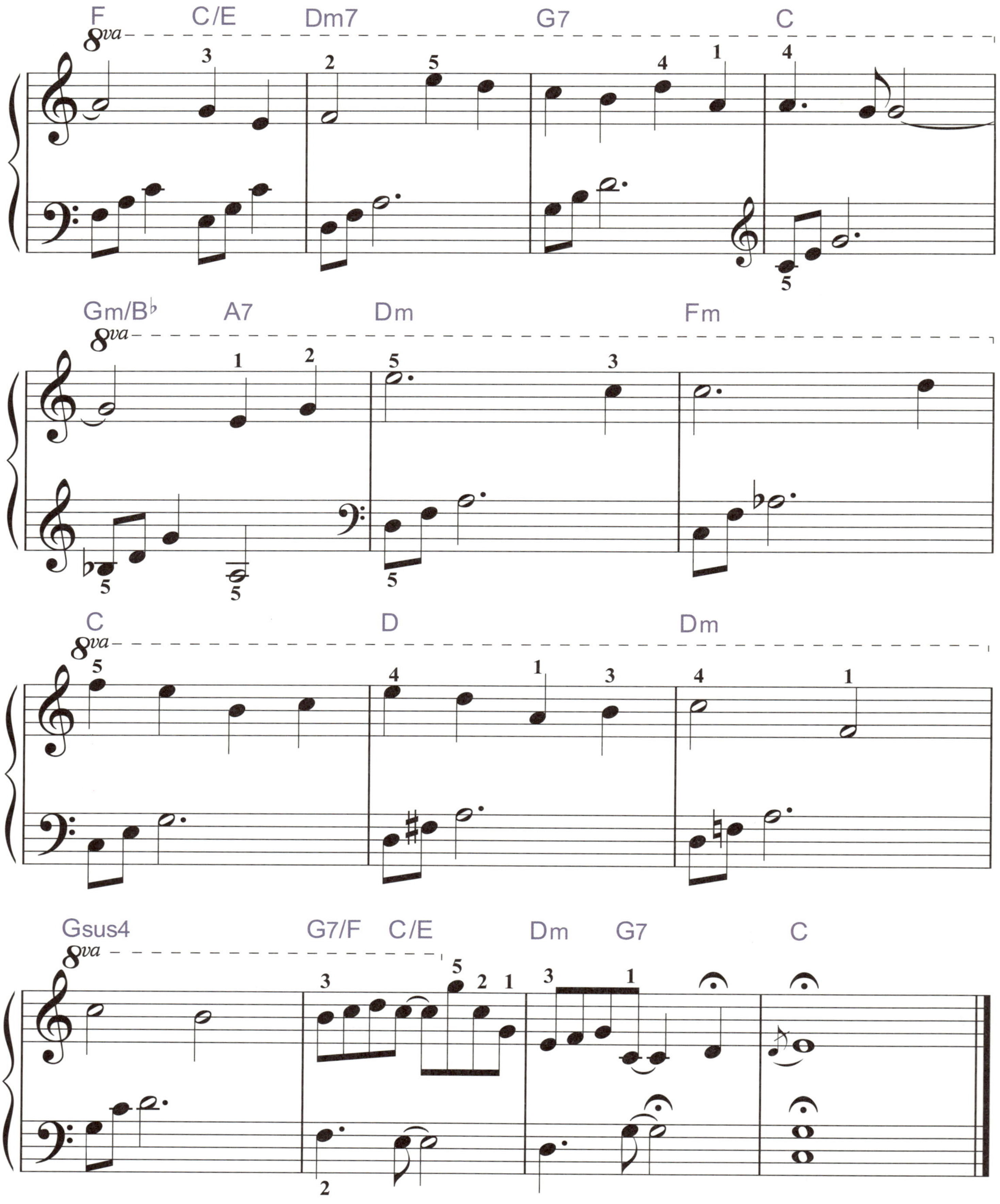
F C/E Dm7 G7 C
8va
Gm/B♭ A7 Dm Fm
8va
C D Dm
8va
Gsus4 G7/F C/E Dm G7 C
8va

Memo

have a nice day

스마트 힐링
동요곡집

발행인 남 용
편저자 일신음악연구회
발행처 일신서적출판사
주 소 서울시 마포구 신수동 177-3
등 록 1969년 9월 12일 (No. 10-70)
전 화 02) 703-3001~5 (영업부)
         02) 703-3006~8 (편집부)
F A X 02) 703-3009